QUE SE PASSERA-T-IL EN 2023 ?

ISBN : 978-2-36188-567-0

Pour les illustrations :
© Pinterest (p. 199).
© Pixabay : Engin_Akyurt (p. 205), Couleur (p. 211), Hermann (p. 215), Tumisu (p. 223) et PIRO4D (p. 227).
© Claude-Hervé Médium (p. 231, 233, 234 et 235).

www.editions-tredaniel.com
info@guytredaniel.fr
www.facebook.com/editions.tredaniel
@tredaniel_eso
@editions_exergue

CLAUDE ALEXIS

QUE SE PASSERA-T-IL EN 2023 ?

TAROLOGIE VOYANCE
PENDULE NUMÉROLOGIE
MÉDIUMNITÉ ASTROLOGIE

Avec la collaboration de Monique Delanoue-Paynot

ÉDITIONS
EXERGUE

27, rue des Grands-Augustins
75006 Paris

NOTE DE L'ÉDITEUR

Toutes les prédictions de cet ouvrage,
y compris les prédictions astrologiques,
ont été retranscrites à partir du ressenti du voyant,
et non sur l'étude classique des astres et des planètes.

PRÉAMBULE

Je veux rester le voyant de tout le monde.

Je ne suis pas le voyant des stars ou la star des voyants, comme certains peuvent se nommer. Un voyant doit rester humble, simple, et le voyant de tous, pas le voyant d'une seule catégorie de gens.

Chaque personne qui me consulte reste une star à mes yeux, et a droit au même respect que celui ou celle qui se trouve dans la lumière.

Depuis plus de trente-huit ans, j'exerce le plus beau métier du monde !

Je travaille avec seulement mon propre jeu de cartes.

Lorsqu'une personne s'assied face à moi, je lui demande son prénom et sa date de naissance. Puis je me mets à écrire, et les images affluent. Je vois le passé, l'avenir et le futur des gens.

Une consultation est comme une histoire d'amour entre deux êtres. Je ne me force jamais. Si j'apporte un peu d'espoir à quelqu'un, j'en suis heureux. Mais, attention, on ne peut pas modifier la vie des consultants par un coup de baguette magique.

Je prédis les événements d'une façon simple et sans détour, mais chacun doit rester maître et acteur de sa propre destinée.

Avec toute ma sympathie.

Claude Alexis

INTRODUCTION

Je vous propose de découvrir mes grandes prédictions pour l'année 2023 !

Encore une fois, et comme je le répète chaque année avant de passer à l'année nouvelle, au soir du 31 décembre, la même question revient sur toutes les lèvres : qu'est-ce qui nous attend à l'aube de l'année à venir ?

En me penchant sur l'astrologie, afin d'affiner les dates et de mettre une limite à mes « fulgurances », je vous livre, signe par signe, et dans tous les domaines de la vie, mes prédictions uniques et exclusives. Avec un regard distancié, mais toujours positif et ouvert aux mystères de l'irrationnel. C'est l'ultime bouclier face à une actualité qui ne cultive pas, hélas, que la déclinaison du bonheur.

En 2022, nous avons vécu moult drames et catastrophes en tous genres : de l'évolution d'une pandémie qui nous a privés de bien des libertés, à une guerre meurtrière aux frontières de l'Europe.

Face à un combat sanitaire rude et difficile, et à une guerre opposant l'Ukraine et la Russie, au retentissement fort, anxiogène, et douloureux à l'échelle mondiale, notre souhait n'est-il pas de nous tourner vers les astres et la voyance, afin d'être rassurés à l'aube d'un futur planétaire si obscur et si fragile ?

Ma priorité ? Mettre à l'honneur les arts divinatoires. Les honorer, et veiller à m'entourer d'intervenants de qualité tels que voyants, voyantes, médiums purs, mais aussi astrologues, tarologues, numérologues et spécialistes du bien-être et du bien-transmettre.

Mon objectif ? Conjuguer mon don de naissance à l'intelligence d'instinct et de proximité, accompagné de bienveillance constante au profit des êtres sensibles et des plus démunis.

Ma devise ? Accorder, sans compter et avec générosité, mon temps à ceux qui m'entourent : hommes, femmes, parents, amis, famille, consultants. Sans oublier les animaux, que j'aime à défendre et à protéger.

Alors... que sera l'année 2023 ?

Que va-t-il se passer en France et à l'étranger ?

Que ce soit dans les domaines de l'économie, de la politique, de l'environnement ou du showbiz, des grandes catastrophes naturelles aux inondations, en passant par les tremblements de terre, à quoi doit-on s'attendre ?

Comment pourra-t-on, désormais, voyager, rire, sortir et prendre du plaisir ?

Et, pour les grands de ce monde, que se passera-t-il au royaume des personnalités en mal de mariages, de naissances, de ruptures ou de divorces ?

En résumé : cette année 2023 sera-t-elle différente de 2022 ?

Pour tous les signes de feu, de terre, d'eau et d'air, et selon les planètes en position dans votre ciel astral, comment allez-vous vivre cette nouvelle année pleine de projets, d'apaisement et de rêves ? Que vous soyez de gentils **Bélier** fonceurs, d'émotifs **Cancer** ambitieux, de grands voyageurs **Sagittaire** aux milliards d'idées, d'obstinés **Taureau** épris de biens raffinés, de bouillonnants **Lion** qui aiment s'entourer de belles tribus, de mystiques **Poissons** en osmose ésotérique, de **Capricorne** fiables et perfectionnistes, d'indépendants **Verseau**, ou encore d'énigmatiques **Vierge**, d'élégants **Scorpion**, de séduisants **Balance** en quête d'harmonie, ou de joyeux **Gémeaux** indomptables...

Mon ultime conseil : pactisez avec les planètes !

Faites de chacune d'elles votre alliée de cette année à venir.

Soyez en confiance avec la voyance: je m'imprègne de votre futur à votre place.

Aussi, gardez près de vous ce livre précieux pour votre entourage, votre famille et vos amis. Vérifiez la justesse de mes prédictions en tenant compte des précieux conseils qui vous sont prodigués, afin de rendre votre vie plus belle, et bien meilleure.

C'est ce que je vous souhaite du fond du cœur.

1

MES PRÉDICTIONS MONDIALES

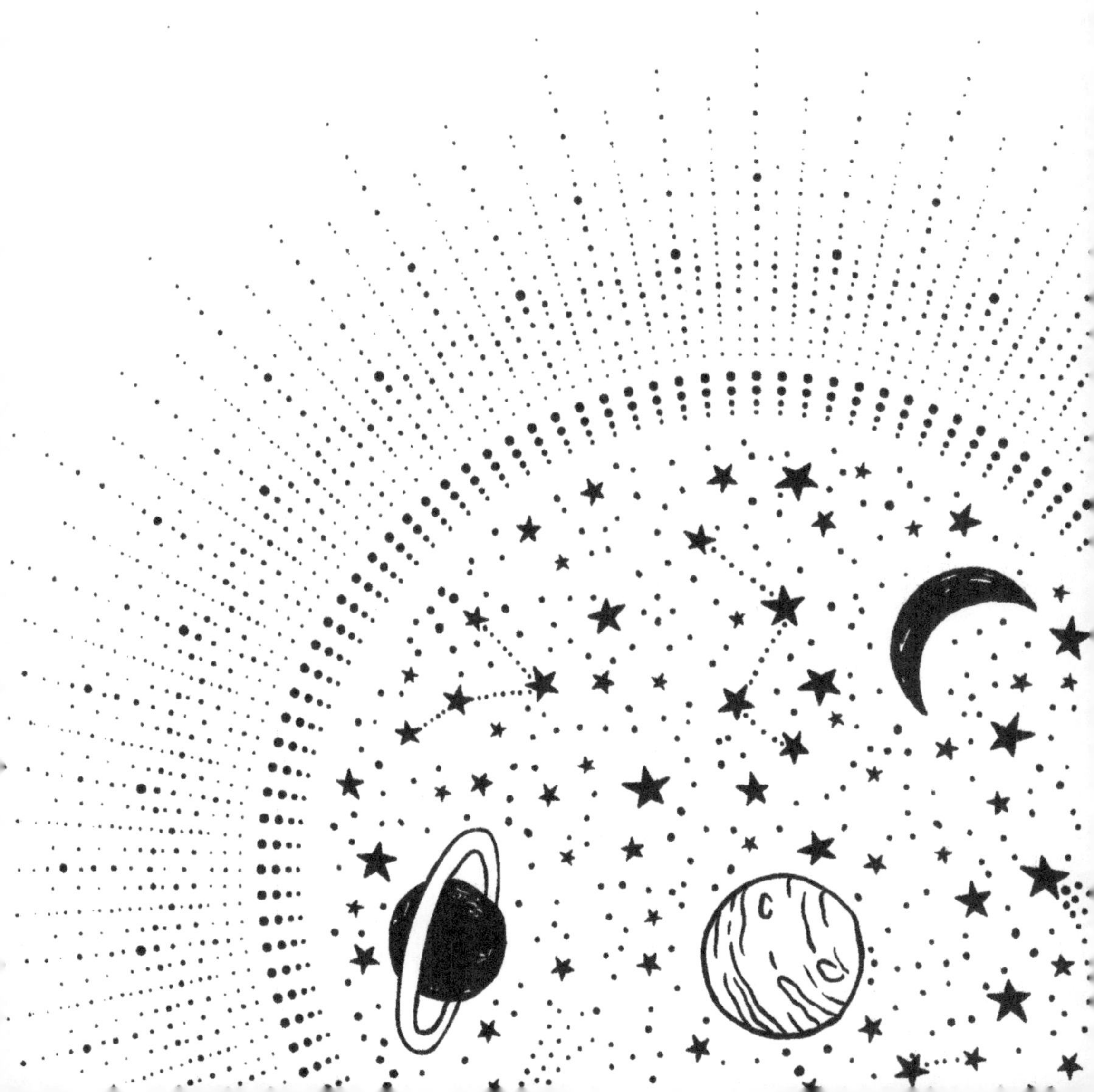

Je tiens à préciser que ces prédictions ont été réalisées durant les mois de décembre 2021 à juin 2022. Certains événements prédits peuvent se dérouler sous une période allant de six mois à deux ans, voire trois ans, et même beaucoup plus... Car la voyance ne permet pas de stabiliser les flashs ressentis dans un temps précis. Que ce soit lié à la politique, aux personnalités, aux stars ou aux grands de ce monde, mon empathie à leur égard reste constante. Ce que je ressens et perçois n'est pas un jugement à leur endroit, seulement des visions sur un futur qui leur appartient et qu'ils sont à même de modifier selon leurs actes et leurs comportements.

Une année 2023 sous le signe de la révolte et de la violence de plus en plus permanentes.

POLITIQUE

Emmanuel Macron, élu par défaut, sera très attendu au tournant de son mandat !

Pour ce second mandat, attention, ce ne sera pas facile ! Durant sa mandature, il ne sera pas épargné par le peuple et par tous les partis politiques.

Son quinquennat sera cinglant. Et le soutien de son épouse, Brigitte Macron, se révélera très important.

En 2023, le président Emmanuel Macron ne sera pas dans le cœur des Français. Et pour cause : toutes les promesses faites et effectuées pendant sa campagne ne seront pas tenues.

Ce sera le gouvernement du mensonge !

La revalorisation des pensions de retraite, annoncée durant sa campagne, sera encore repoussée. Le projet de loi pour **le pouvoir d'achat** – grande préoccupation des Français – tombera aux oubliettes. Et les mesures quantifiées en milliards d'euros et censées atténuer les effets de l'inflation sur les ménages n'en finiront pas d'être ralenties. On en parlera sans cesse pendant les législatives, puis pendant le remaniement, puis pendant les voyages à l'étranger d'Emmanuel Macron, qu'il revendique comme étant indispensables pour protéger la notoriété et la démocratie en France.

Attention aux personnes âgées ! Elles seront, hélas, nombreuses à descendre dans la rue, non pas pour manifester, mais parce qu'elles n'auront plus les moyens de vivre ou de survivre. À partir de la rentrée de septembre, la misère impactera notre pays, qui s'appauvrit de plus en plus. Ceux et celles qui auront à faire face à leurs dépenses du quotidien ainsi qu'au paiement de leur loyer ne pourront plus les assumer. On verra de la mendicité à tous les coins de rue, alors que les aides pour les étrangers se multiplieront.

La solidarité ne sera plus au service de notre peuple. Et nous serons témoins de drames affligeants, honteux et insupportables. Comme si nos anciens se laissaient mourir pour ne pas être une charge à leurs familles.

Faut-il en arriver à ce stade pour faire réagir nos politiques dans leurs palais dorés ? Non seulement ils gravitent dans un monde à part, mais ils récidivent en affichant un esprit et des propos qui prouvent leur incompétence et leur refus de vivre dans la réalité.

Une Première ministre mise en place ? Je vois plutôt une mathématicienne des chiffres qui n'aura aucune empathie pour le peuple et qui ne verra que le rendement. Surtout, une personne qui ne fera rien, hormis suivre son président, qui veut avoir la main sur tout ! À l'instar de tous les ministres nommés dans un pseudo-remaniement. Je vois principalement les mêmes se maintenir à leurs divers postes, ou en changer, et n'être pas plus compétents pour redresser notre pays.

Nous allons être face à une attente de cinq ans ! Avec une élection où rien ne pourra se faire, hormis des manifestations à répétition, et de tous milieux confondus, mettant en scène la police, la santé et les fonctionnaires.

On assistera à la création de nouveaux mouvements, non politiques, qui feront énormément parler d'eux. Comme les « gilets jaunes », mais vêtus de noir. Ce sera dramatique au niveau des agressions et de la casse. Ils s'en prendront à des monuments publics, à des lieux de culte. Je vois beaucoup de feu. Rien ne sera épargné.

C'est un peuple en état de guerre ! Et le pire est qu'un parti politique le soutiendra dans sa révolte.

Le président de la République n'aura plus le pouvoir, si ce n'est celui de la parole pour faire des annonces aux Français. Mais il ne sera plus écouté, et rien n'y fera ! Il sera le président le plus détesté de ces dernières décennies, tant toutes ses annonces et promesses ne correspondront en rien aux engagements de son premier mandat et du second. Pas de changement !

Les mouvements politiques se dresseront contre lui et demanderont sa démission.

Il sera cloîtré dans son bureau pendant un temps, ne sachant plus quoi faire. La surprise viendra d'un soutien de taille ! Je pressens l'intervention d'un ancien chef d'État pour venir à son secours : celui d'un ancien président – il peut s'agir de Nicolas Sarkozy, qui œuvre dans l'ombre.

Le gouvernement du président Macron

Il aura fort à faire avec une crise économique de grande envergure. Réélu de peu ! Avec des scores vraiment serrés. Et, surtout, face à un peuple qui ne s'est pas déplacé autant que les politiques l'espéraient.

Ce mandat présidentiel est une élection de dépit pour la France.

La crise du Covid aura multiplié les pertes d'emplois, autant dans les petites que dans les moyennes entreprises. De nombreuses fermetures de diverses sociétés. Et dans tous les secteurs ! Comme je l'avais prédit dans mon dernier ***Grand Livre des prédictions***, notre pays n'aura jamais enregistré autant de faillites et de dépôts de bilan ; et autant de personnes au chômage qui auront perdu l'envie de reprendre une activité, de retourner travailler. Et, comme précédemment, les effets d'annonce de la baisse du chômage seront erronés. On balancera des chiffres complètement faux.

Je vois que la colère sera grandissante de toutes parts.

Face aux aides prétendument données, ou promises, aux soutiens non respectés, aux annonces de millions distribués pour calmer les révoltes et qui se révèlent être des mensonges, notre pays – la France – sera devenu l'un des pays les plus délaissés par son président et par son gouvernement.

Avec un sentiment d'abandon, chacun essaiera de se débrouiller comme il le pourra.

Le peuple descendra dans la rue !

Le phénomène « gilets jaunes » reviendra sur le devant de la scène. Mais avec un autre mouvement qui va se créer.

Deux mouvements vont s'affronter, et se regrouper finalement. Ceux qui ont bloqué le pays par leur violence et leurs effets d'escalades répétitifs, et qui ont marqué les esprits par leur colère et leur rébellion, referont surface. Ils annonçaient ce qu'il se passera en 2023, et se passera sur les deux années à venir. À savoir, de la casse en bandes organisées, des destructions, des feux dans toutes les grandes villes, des lieux vandalisés, des vitrines de commerces et boutiques détruites, du pillage, du vandalisme. Ainsi que dans des lieux touristiques renommés et admirés par tous. Il y aura de la stupeur chez les étrangers venus du monde entier pour (re)-découvrir la France et ses endroits mythiques, dont certains seront entièrement détruits.

Année de folie ! Devant un tel chaos, une grande partie de la population française restera sans voix et fortement en colère.

En 2022, tout a été bloqué ; et ce sera à nouveau le cas en 2023 ! Transports en grève, routes bloquées, polices réquisitionnées. L'armée devra intervenir en renfort. Ce sera peine perdue, la colère sera à son maximum, ce sera le chaos total.

Les banques seront touchées. On verra des agences en feu, qui feront de Paris un brasier comme il ne l'aura jamais été ! Le peuple va se révolter, il en aura assez de subir. Dans toutes les grandes villes de France, on assistera à des manifestations. Des gens se mobiliseront par milliers, et personne ne pourra arrêter cette montée de révolte qui grondera de partout, et qui explosera.

Je vois un monument parisien important vandalisé ou saccagé. Il peut s'agir du Louvre. Et, malgré la sécurité de ce musée, des œuvres seront détruites.

Les manifestants agiront de manière violente, et ils ne céderont pas. Le gouvernement se pliera aux exigences ; et, cette fois, Emmanuel Macron ne pourra plus faire la sourde oreille, il devra faire face à ses responsabilités. Mais son gouvernement sera incapable de gérer cette crise.

Le tourisme, en particulier, sera fortement touché, tant l'image de notre pays sera mise à mal dans les médias étrangers.

Emmanuel Macron vivra un échec sur son second mandat

Le drame de l'échec continuera face à un gouvernement que le président, mal assisté, mal entouré, n'aura pas su constituer. De tous ses ministres, aucun ne sera capable de lui venir en aide, aucun n'aura l'envergure de tenir le cap.

Le ministre Gérald Darmanin ne restera pas en poste.

Il ne restera même pas deux ans au sein de ce nouveau gouvernement, en raison de problèmes qui provoqueront le scandale ; et il n'aura pas d'autre choix que de démissionner. L'ingérence et ses mensonges sur ses dossiers vont le rattraper. Une personne du ministère qu'il dirige va provoquer l'explosion du scandale, et mettre aussi à mal sa ministre déléguée. Il devra se mettre en retrait de la vie politique à la suite d'une procédure.

Un nouveau ministre de l'Intérieur sera rapidement nommé.

La police manifestera et descendra dans la rue. Pire encore ! Les attaques à répétition, la violence contre des policiers – malmenés et attaqués par des voyous de plus en plus jeunes – ne seront plus acceptées. Beaucoup de membres de la police, hommes et femmes confondus, seront ulcérés de constater que leur travail et surtout leur labeur ne sont pas reconnus.

Idem pour le monde médical. Les engagements de l'État n'étant pas respectés, les corporations des médecins et des infirmières se ligueront et feront connaître leur mécontentement au gré de diverses manifestations.

Notre Première ministre, Élisabeth Borne, malgré ses efforts ne sera pas respectée. De tous les côtés, on lui coupera l'herbe sous le pied ; elle aura été un pion, dirigé pour faire ce qu'on lui dit. Aucun pouvoir de décision ! Le peuple la verra partir de Matignon. Je ne la ressens que deux ans à ce poste, pas plus. Et, petit à petit, malgré l'estime que certains lui porteront et la reconnaissance de sa bonne volonté, elle sera remerciée avant la fin de son ministère.

Éric Dupond-Moretti, après un premier passage au ministère de la Justice, pourrait claquer la porte au cours de son second service. Attention cependant, il pourrait avoir quelques soucis, de son côté, avec la justice et la mise au jour de conflits d'intérêts. Des procédures seront étouffées, mais il devra faire face à certaines autres qui verront le jour en 2023.

Bref, on assistera à de plus en plus de discorde au sein des ministères, et notamment entre les différents ministres.

Brouilles et embrouilles

Des commissions d'enquête visant le ministère de l'Économie et des Finances engendreront des soucis à celui qui le dirige, **Bruno**

Le Maire. Il sera rattrapé par la justice, du fait de son appartenance à un ancien parti politique. Une affaire sera dévoilée en rapport avec un membre de sa famille, et l'on pourrait assister à une sorte de nouvelle affaire Fillon. Un journal fera des révélations qui ne seront pas sans conséquences.

Du côté du ministère de la Santé, ce sera le fiasco ! Comme le ministère s'avérera incapable de gérer la crise et les hôpitaux, le monde médical enchaînera des grèves à répétition. Je vois toujours la rue occupée par le peuple mécontent. La crise sanitaire liée au Covid refera surface ; c'est loin d'être terminé. Et tout ne sera encore que des mensonges pour calmer le peuple et éviter les débordements, mais rien n'y fera.

Le ministre de l'Agriculture, mis à mal, ne restera pas à ce ministère. Et la montée croissante d'une grande colère chez les agriculteurs ne sera pas près de s'éteindre.

Le jeune porte-parole du gouvernement, **Gabriel Attal**, mis dans les oubliettes au début du second mandat présidentiel, après une année difficile, repartira dans un ministère, il reste protégé par le Président.

Nicolas Sarkozy aura encore un rôle important à jouer dans la politique française, par ses conseils judicieux au président élu.

L'homme surprendra, encore et toujours, le monde politique. Malgré certaines affaires judiciaires en cours, il fera appel d'une décision et finira par être blanchi. Et, malgré les affaires douteuses dont on l'accuse et les condamnations qu'on lui prévoit à répétition, il sortira la tête haute !

Je maintiens que Rachida Dati reviendra sur la scène politique avec d'autres fonctions. Et elle restera, avec succès, maire du 7e arrondissement de la capitale, mais elle peut se représenter à la mairie de Paris.

Alors qu'Anne Hidalgo ne sera pas reconduite dans cette fonction de maire de la Ville Lumière qu'elle aura si mal gérée.

Pour Marine Le Pen, ce sera encore une année difficile ! Elle ne baissera pas la garde et ira au combat avec courage, mais elle ne sera plus candidate à la présidence de la République. **Elle ne reprendra pas la présidence de son parti.** Et mettra un nouveau candidat prometteur de son mouvement : **Jordan Bardella**.

Entre justice et deuil familial, elle se relèvera de tout et gardera la fierté et la combativité qui la caractérisent.

L'homme fort du Rassemblement national sera Jordan Bardella.

Et voilà Marion Maréchal, la plus jeune de la famille Le Pen, qui revient avec fracas sur le devant de la scène politique. Je ressens toujours son désir de créer un parti politique avec des personnes de droite, mais ce ne sera pas gagné.

Hormis son retour, elle n'obtient aucun mandat, et le rapprochement effectué avec Éric Zemmour sera de courte durée.

La bataille entre les deux sera rude. **Les désaccords entre eux feront des étincelles avec d'autres membres du parti « Reconquête ! ».**

D'où un ralliement Marion Maréchal-Éric Zemmour qui ne durera pas.

Le parti créé par celui-ci fondra comme neige au soleil, il ne trouvera pas son électorat.

François Hollande voudra exister en 2023 !

Mais l'effet boomerang l'attend, il devra être prudent avec sa santé.

Édouard Philippe continuera à développer son mouvement politique, afin de commencer à se préparer pour la future élection présidentielle de 2027.

Attention, prudence !

Pour Lionel Jospin, Daniel Cohn-Bendit, Élisabeth Guigou, Patrick Balkany, Édouard Balladur, l'ancien maire de Lyon Gérard Collomb,

Dominique Strauss-Kahn, madame Chirac, et madame Brigitte Macron qui pourrait être hospitalisée. Jean-Pierre Elkabbach, Michèle Cotta, Bernard Kouchner.

Et aussi Line Renaud, Mimi Mathy, Alain Delon, Renaud, Michel Drucker... Adamo, Enrico Macias, Nicole Croisille, François Valéry, madame de Fontenay.

Le monde de la télévision sera en deuil.

MÉDIAS

En 2023 : remerciements et licenciements dans le monde de l'audiovisuel et de la presse écrite.

À France Télévisions, changement à la présidence !

Delphine Ernotte, P.-D.G. du groupe, ne finira pas son mandat. Certaines chaînes fermeront leurs portes, et il y aura de gros licenciements.

Et un plan social.

TF1 nommera un nouveau président.

Un grand remaniement se mettra en place sur la chaîne. Il peut, par ailleurs, y avoir une fusion des chaînes de la TNT, et des fermetures de chaînes du groupe.

Des animateurs annonceront leur départ.

La presse révélera des tractations financières à propos d'un animateur de TF1 présentant un jeu d'aventures. Le scandale concernera les largesses financières qu'il a obtenues avec la complicité de l'un des dirigeants. Ce déballage le mettra à mal, et son public tombera de haut.

Aux commandes du *Journal de 13 heures*, un journaliste arrive, ainsi qu'un autre pour le week-end – la nouvelle génération s'installe.

New... news...

La nouvelle génération d'animateurs s'impose !

Camille Combal s'affirme comme l'animateur phare de TF1. On le verra sur de nouveaux programmes et sur trois émissions différentes, dès la rentrée. Il continue son ascension, et devient l'animateur vedette de la chaîne.

Nikos Aliagas sera aux commandes et à la reprise d'anciens programmes qui n'obtiendront pas le succès attendu.

Sophie Davant reviendra sur un programme assez surprenant, et sur lequel personne ne l'attend. Et, surtout, sur une autre chaîne que France 2 !

Je vois aussi l'écriture d'un livre.

Miss Univers 2016, Iris Mittenaere, sera bien sur un nouveau programme d'aventures et, dans le temps, sur une présentation des Miss France. En outre, elle fera partie d'un casting pour un rôle au cinéma.

Quant à **Jean-Pierre Foucault**, il tirera sa révérence. Les miss défileront sans lui ! Idem pour **Sylvie Tellier**. L'organisation change et donne un souffle nouveau à cette élection. **La révolution de l'élection des Miss France sera l'œuvre de la nouvelle directrice : Alexia Laroche-Joubert.**

Alexia Laroche-Joubert, directrice de production, reviendra en force, avec des nouveaux programmes de téléréalité sur plusieurs chaînes confondues.

Un projet avec cette productrice verra le jour sur M6 et TF1.

Enfin, la belle **Karine Le Marchand** sortira un livre et programme sur le bien-être et le sport. Elle s'affichera comme égérie d'une chaîne de salles de sport.

DIVERS

Une France en danger !

La crise économique sera l'une des plus importantes pour le pays. Les prix seront à la hausse, avec une augmentation de 10 % à 15 %, et pèseront sur le pouvoir d'achat des Français.

De plus en plus d'aides seront demandées au gouvernement, qui fera la sourde oreille.

Les écoles et les cantines seront fortement touchées par le coût de la scolarité. Des cantines se videront, tant les prix demandés seront élevés ; et nos enfants repartiront, comme autrefois, avec le sac et la nourriture « maison ».

De nouvelles lois seront mises en place pour stopper la délinquance des mineurs. Face à des jeunes de plus en plus violents auprès de la population, avec des agressions à répétition à l'arme blanche. L'âge au niveau des condamnations sera réévalué !

Les villes et communes de la banlieue parisienne connaîtront beaucoup de violence. La ville de **Marseille** sera encore marquée par des règlements de comptes par armes, et par le fléau de la drogue, qui sera plus que d'actualité, avec des saisies record en provenance de la mer, par bateaux.

De plus en plus de camps de rue verront le jour dans les villes. Les personnes seront démunies et ne pourront plus régler leur loyer. Beaucoup seront amenées à faire des colocations pour pouvoir survivre et avoir un toit sur la tête.

En 2023, nous serons dans une France de chaos, ce qui va durer au moins sur ce quinquennat où rien ne sera fait, si ce n'est des promesses de millions d'euros qui n'arriveront jamais.

Notre pays sera l'un des pays les plus endettés, avec cette génération qui nous gouverne.

Du vandalisme et des brasiers

Je vois des lieux de culte encore en flammes dans plusieurs grandes villes : des églises, des cathédrales, des synagogues, des mosquées...

La reconstruction de Notre-Dame de Paris, à l'identique ! Cela se fera ainsi, mais les travaux de la cathédrale ne seront pas terminés en 2023 pour autant. Et, attention, il y aura plus à faire que prévu. Je ressens un mur d'une façade s'écrouler en plein chantier, et il y aura des blessés. Après l'incendie ravageur, il faudra attendre encore au moins deux ans pour qu'une première messe soit dite dans la nef.

Je ressens le feu dans des prisons. Il y aura de nombreux blessés, aussi bien dans le personnel pénitentiaire que parmi les détenus.

Je vois aussi et toujours le feu lié à des accidents et à des mouvements de foule... dans un **accident maritime** et dans un **aéroport français** ; dans un **grand hôtel parisien** et dans des **hôtels de province**. Et aussi dans des **lieux d'habitation** insalubres, qui connaîtront des conséquences dramatiques.

Des attentats par voitures piégées surviendront dans des lieux publics. La violence sera, hélas, toujours d'actualité en France et à l'étranger.

Les braquages de magasins seront de plus en plus nombreux.

Le sang coulera encore dans plusieurs grandes villes de France, mises à mal par une jeunesse révolutionnaire et incendiaire.

Une explosion : je ressens des citernes à gaz dans le sud de la France ! Et une commune qui sera complètement évacuée.

Nous assisterons aussi à une France dans le noir, par suite de coupures d'électricité. Celles-ci causeront de gros dégâts, aussi bien auprès des particuliers que des professionnels, et provoqueront la perte de nombreuses données qui seront irrattrapables dans les administrations.

Comme une espèce de **cyberattaque**, au niveau national.

Des enquêtes, des scandales, des dénonciations

Des affaires de pédophilie seront encore révélées en 2023, et elles surprendront par les personnes concernées.

Le monde des médias, de la politique et des hommes d'affaires influents sera gravement mis en cause.

Les mouvements féministes, comme ceux de la protection des mineurs et de la protection de l'enfance, monteront au créneau et se feront entendre.

Des personnalités du showbiz soutiendront ces causes avec force et véhémence.

À L'ÉTRANGER

Guerre et pouvoir

La guerre entre l'Ukraine et la Russie n'a pas fini de faire parler, au niveau planétaire ! Et ce ne sera pas encore terminé en 2023.

Pour que le calme revienne en Ukraine, il faudra patienter encore un an.

Mais cette guerre va révéler au monde entier des affaires un peu scabreuses.

À savoir, que le président ukrainien, Volodymyr Zelensky, demandant de l'aide à tous les pays se serait servi grandement à titre personnel, et finira devant la justice internationale. Le scandale sera révélé par une enquête de journalisme et par des hommes d'État de plusieurs pays qui demanderont des comptes.

Vladimir Poutine reste au pouvoir, malgré toutes les rumeurs annonçant même son décès. Ces fausses informations seront démenties, même si l'intéressé pourra être hospitalisé pour des raisons de santé. Je ressens un lieu médical en Suisse.

Je vois toujours la mise en place d'une présidence des présidents de l'Europe ! D'ici dix à quinze ans, je le redis et le maintiens, certains États vont bel et bien reprendre leur monnaie d'origine.

Plusieurs pays voudront sortir de l'Europe plus vite que prévu. Des pays du Nord comme du Sud...

Je vois toujours l'Angleterre divisée, quant à l'avenir du Royaume-Uni après le Brexit, il pourrait en naître une nouvelle Europe.

L'Asie continuera à s'implanter de plus en plus en France. Mais attention à une révolution entre plusieurs pays d'Asie. Deux pays entreront en guerre.

Le Japon perd un empereur qui a régné trente ans et abdiqué pour son fils.

Les deux se suivront en peu de temps.

Le Liban connaîtra toujours des problèmes importants. Le peuple se révoltera, et l'armée française interviendra.

Les pays du Moyen-Orient deviendront omniprésents partout dans le monde.

La Syrie, la Libye, l'Afghanistan seront toujours en guerre.

États-Unis

Donald Trump sera mis à mal par la justice ! Pour lui et sa famille, cela continuera.

Concernant les affaires de justice en cours, il sera condamné, même s'il espère une nouvelle élection présidentielle.

Quant au président **Joe Biden**, il devra surveiller sa santé ! Une hospitalisation est à prévoir ; et la vice-présidente prendra le pouvoir un temps.

Le décès d'un ancien président américain, qui était aimé de son peuple malgré ses déboires judiciaires avec une jeune femme, surprendra l'Amérique et le monde politique international.

Syrie et Libye

Tous les pays du Moyen-Orient et de l'Orient sont entrés dans cette nouvelle ère où l'islam revient en force dans les gouvernements.

Je ne vois toujours pas de guerre qui se termine, malgré une période de calme. Les combats avec les armes continuent.

Maroc

La royauté sera endeuillée, et je vois un peuple entier qui pleure.

Un livre sortira sur le royaume, qui fera scandale.

Un attentat se déroulera dans une grande ville ! Dans un aéroport, ou à proximité.

ENVIRONNEMENT

Une météo toujours aussi chaotique !

Des inondations incontrôlables et des incendies géants seront le lot de plusieurs endroits de la planète.

Dans notre pays, plusieurs régions seront touchées, et en particulier le sud et l'est de la France.

Je vois toujours beaucoup d'endroits à risques envahis par l'eau et la boue.

La France soutiendra la mise en place de solutions et de remèdes permettant de limiter les consommations excessives qui créent le dérèglement climatique ! Des mesures énergiques aboutiront pour faire baisser la production et la consommation de produits d'origine animale.

La pollution alertera les chefs d'État de tous les pays.

Avec la mise en avant de l'effet de serre et de la qualité de l'air que nous respirons.

J'insiste sur le fait que nous assistons de plus en plus à la fin d'*un* monde ! Parce que les catastrophes naturelles resteront, hélas, d'actualité. Il est clair qu'elles représentent des avertissements pour nous tous – trop avides de consommer que nous sommes, sans nous préoccuper des conséquences planétaires.

Des signaux d'alerte nous sont envoyés, ce sont des messages concrets, afin que nous changions ce qui ne va pas sur notre Terre et dans notre ciel.

En 2024 seulement, nous serons à l'aube d'un monde meilleur !

SANTÉ

De nouveaux variants, mais des progrès scientifiques

En ce qui concerne le Covid-19, je continue de l'affirmer : c'est loin d'être terminé !

J'avais prédit qu'il y aurait un vaccin après de grosses rivalités entre les pays, car c'était à celui qui le sortirait le premier ! Je maintiens qu'il faudra encore attendre des essais, et au moins deux ans, pour avoir le vaccin fiable, car le premier vaccin a calmé le jeu, mais sans aucune efficacité.

Tout cela ne sera évidemment qu'une guerre financière. De nombreuses écoles seront touchées, et les hôpitaux se préparent à des vagues successives, afin d'accueillir les malades, adultes et enfants.

Les variants se succéderont, et feront paniquer les pays.

Un nouveau virus verra le jour, qui sera aussi important que le Covid.

Un dérivé venant des pays étrangers. Mais avec une apparence sur la peau comme si cela était une varicelle, mais plus voyante, sur tout le corps.

Heureusement, il y aura toujours des avancées spectaculaires en ce qui concerne le sida. Du côté des vaccins et des patchs.

Et de considérables nouveaux progrès en ce qui concerne le cancer. Il sera mieux traité, principalement dans la forme des traitements.

DRAMES

De catastrophe en catastrophe...

La vision de crashs d'avions transportant à bord des personnes politiques ou appartenant à une royauté reste présente. Cela aura un retentissement considérable, et la disparition d'une personnalité marquera le monde.

Des catastrophes liées aux transports endeuilleront la planète.

Catastrophes aériennes, maritimes et ferroviaires, avec de nombreux passagers.

Et toujours la vision d'un palace qui brûle dans la capitale ! Un hôtel de luxe parisien en feu en plein cœur de Paris. Plusieurs des feux qui se déclencheront dans la capitale seront le fait d'actes volontaires et criminels.

MONARCHIE

En Angleterre

Je vois toujours un quatrième enfant pour le prince William d'Angleterre et son épouse, Kate. Comme je l'ai déjà prédit, la descendance est assurée au trône d'Angleterre avec George, Charlotte et Louis, mais la famille va s'agrandir.

Le prince George de Cambridge – troisième dans l'ordre de succession au trône britannique après son grand-père, le prince Charles, et son père, William – continuera à tenir la vedette par ses facéties, son caractère joyeux et entier, et sa capacité à savoir comprendre et intégrer les règles protocolaires que la monarchie lui enseigne.

Cependant, Charles prendra les rênes de l'Angleterre !

Mais il ne sera roi que pour peu de temps.

Et son épouse, Camilla, sera hospitalisée.

Il pourrait y avoir une génération qui abdique pour donner **le trône à William qui formera, avec Kate Middleton, un couple royal**. Kate assurera brillamment son rôle de princesse, comme elle le fait déjà, et elle sera, aux côtés de William, l'épouse parfaite.

Je vois toujours ce couple très uni, prenant soin de bien installer sa romance dans la longévité. Et, surtout, faire fi des rumeurs qui pourraient vouloir ternir leur bonheur.

Leur devise : « Savoir toujours faire face, et surmonter les obstacles. »

À l'image de la reine : *« No complain, no explain. »*

Je l'avais annoncé depuis deux ans dans mes prédictions, le prince Harry – qui s'est marié avec une personne qui a surpris son entourage et le monde entier – aura, avec son épouse, Meghan Markle, un second bébé.

Je vois que le couple occupera encore la scène médiatique par de l'audiovisuel. **Une série sera créée sur Harry et Meghan et leurs coups d'éclat !**

Mais je vois aussi qu'ils seront mis à mal pendant un temps par des rumeurs de séparation.

Il n'empêche qu'en grande pompe médiatique le couple fera son retour dans la monarchie londonienne. Harry se rendra compte de ses erreurs.

Mais attention à l'effet boomerang !

Dans le temps, leur relation pourrait connaître des difficultés et ne pas durer. Malgré l'amour réciproque et toujours présent en 2023, le tempérament de son épouse posera des conflits que Harry vivra mal.

Moins joyeux, le deuil à la couronne d'Angleterre.

***The Queen*, la reine Elizabeth II, sera de nouveau hospitalisée. Moins présente auprès de ses sujets, c'est la fin d'un règne que le monde entier pleure. Et la planète entière se mobilisera pour rendre hommage à la reine Elizabeth au moins pendant dix jours…**

De notre côté de la Manche

Le royaume de Belgique sera en deuil.

À Monaco

Charlène revient sur le devant de la scène avec ses enfants, Jacques et Gabriella. Dans le cœur des Monégasques, elle reste omniprésente.

Et une rue au nom de la princesse sera inaugurée à Monaco.

La princesse Stéphanie continuera d'être à l'honneur, plébiscitée pour ses engagements au sein de ses œuvres caritatives qu'elle va continuer de mener brillamment.

Elle connaîtra les joies d'être de nouveau grand-mère.

Enfin, comme je l'avais aussi prédit, **grand-mère** par ses deux fils, **Andrea**, son fils aîné, et **Pierre**, son fils cadet, la **princesse Caroline est toujours aussi heureuse de pouponner.**

J'avais également prédit que **sa fille Charlotte** s'unirait. Le mariage de la jeune femme avec le fils de l'actrice Carole Bouquet, Dimitri Rassam, a bien eu lieu, tout comme la naissance de son second enfant.

Mais il y aura encore une maternité pour la jeune femme.

Et le Rocher sera en deuil.

SHOW-BUSINESS

Du renouveau, de l'amour, des séparations...

Le retour de Johnny Depp au cinéma ! On assistera à un renouveau international au niveau de sa carrière, après ses déboires amoureux qui ont fait la une des médias dans le monde entier. On le verra accompagné d'une nouvelle femme dans sa vie qui, cette fois-ci, sera la bonne.

Cependant, il devra surveiller sa santé.

Laeticia Hallyday et Jalil Lespert. Amoureux ! La nouvelle romance de Laeticia fait toujours la une des journaux, et elle va continuer. Le documentaire qu'a réalisé Jalil Lespert sur le mythique Johnny les a réunis, ils ne se sont plus quittés et ont su faire face aux mauvaises langues pour officialiser leur amour.

Il pourrait y avoir un enfant à venir pour ce couple, peut-être une adoption.

Malgré la notoriété du réalisateur, qui est aussi un acteur couronné de succès, triplement récompensé aux César, Jalil Lespert est déjà père de trois enfants nés de deux unions différentes, la dernière étant celle qu'il a vécue durant neuf ans avec l'ex-Miss France, Sonia Rolland, ce qui pèsera un peu dans le couple.

Il ne souhaitera pas être pris pour le compagnon de madame Hallyday.

Cela dit, on parlera de mariage !

Laeticia continuera de résider avec **Jade** et **Joy**, les filles adoptives de Johnny, dans des endroits privilégiés, pour assurer leur scolarité et leur éducation, et aussi leur tranquillité. **Elle se partagera, encore et toujours, entre ses nombreuses résidences**, mais elle devra continuer à vendre des biens.

En ce qui concerne l'héritage musical, comme je l'avais annoncé, la jeune femme s'occupera de la sortie du dernier album enregistré par Johnny juste avant sa mort, mais elle se retrouvera confrontée aux problèmes de droits qu'elle devra gérer ; ce qu'elle accomplira avec fermeté.

Elle sera marquée par le deuil d'une personne âgée dans sa famille.

Laura Smet. La fille de **Johnny** et de **Nathalie Baye** souhaitera avoir un second enfant qui pourrait arriver dans les deux ans à venir. L'actrice fera son retour au cinéma dans un rôle important qui la propulsera au sommet, elle sera plus brillante que jamais.

Marion Cotillard et Guillaume Canet. Malgré des éloignements nécessaires afin de retrouver une certaine sérénité dans le couple, leur belle histoire continuera, autant dans leur vie privée qu'au cinéma sur grand écran.

Toute la famille ayant participé au prochain film – *Astérix et Obélix : l'Empire du Milieu* – réalisé par Guillaume Canet et qui sortira en 2023, se retrouvera autour de leur fils, Marcel, acteur en herbe.

Jean Dujardin et Nathalie Péchalat. L'acteur et la championne olympique de patinage ont accueilli, comme je l'avais prédit, l'arrivée d'un deuxième enfant. Et la romance continue.

Charlotte Gainsbourg et Yvan Attal. Parce qu'ils ont fait taire les rumeurs de séparation, leur histoire s'installe dans la durée. Charlotte se consacrera, en 2023, à l'ouverture du musée consacré à son père, Serge Gainsbourg. Tandis qu'Yvan sera applaudi avec ses dernières réalisations et son rôle d'acteur dans le film *Maestro(s)*.

Vanessa Paradis et Samuel Benchetrit. J'avais annoncé le mariage et le bonheur pour ce jeune couple ; l'embellie continue. La chanteuse-actrice a trouvé sa stabilité auprès du réalisateur, même si des rumeurs de séparation peuvent courir sur leur union.

Angelina Jolie et Brad Pitt. La famille, constituée par ses six enfants, retiendra toujours l'actrice, mais elle continuera à être fragilisée par sa santé.

Nous la verrons accompagnée, et elle présentera son nouvel homme.

De son côté, l'acteur se montrera au bras d'une nouvelle actrice.

Ce couple médiatique, qui s'est beaucoup investi dans les pays étrangers touchés par des catastrophes naturelles et qui a su, grâce à leur argent, créer des projets immobiliers, des hôpitaux, des maisons pour l'enfance, restera mythique.

George Clooney. L'acteur américain s'affichera avec une autre femme du monde du cinéma. Et je vois toujours une séparation, cinglante et difficile, avec son épouse, Amal.

Céline Dion. Toujours prête à voyager à travers la planète, la grande et talentueuse Céline produira aussi une comédie musicale ! **La chanteuse va laisser la place à la comédienne !** Je maintiens qu'elle sera l'héroïne et l'actrice principale d'un film sur sa propre vie. Mais elle pourra connaître encore des ennuis de santé avec une hospitalisation. Que ses fans se rassurent, elle s'en sortira assez bien.

Attention : la route est marquée, chez elle ! Je ne peux déterminer s'il s'agit d'un accident, mais la prudence s'impose.

L'acteur américain John Travolta, héros des films cultes *La Fièvre du samedi soir* et *Grease*, sera hospitalisé.

En 2023, comme chaque année, le cinéma et le théâtre français seront en deuil. Plusieurs décès à la suite – autant d'hommes que de femmes – assombriront le septième art et le monde du théâtre.

Une année difficile et à risques pour Claudia Cardinale, Isabelle Aubret, Nicole Croisille, Adamo, Renaud, Alain Delon, Marcel Amont, Enrico Macias, Line Renaud, Brigitte Bardot… La famille Drucker sera touchée.

Pour tous et toutes, la prudence s'impose !

Une jeune artiste pourrait connaître une année difficile, avec la révélation d'une maladie comme un cancer.

Je vois toujours la France en deuil national, par suite du décès de monstres sacrés du cinéma. En particulier, un acteur qui restera cher à jamais dans le cœur de son public.

EN CONCLUSION

Il nous faut absolument revenir aux vraies valeurs humaines et terriennes.

Il faut croire et espérer que nous aurons à vivre les événements de cette nouvelle année d'une manière moins brutale, moins anxiogène et moins dure que la précédente.

Malgré tout, je vous souhaite à toutes et à tous une belle année 2023 !

Gardez confiance, et l'espoir d'un monde meilleur pour les années à venir.

L'avenir, personne ne peut le toucher, mais il peut se lire.

Avec toute mon amitié.

2

MES PRÉDICTIONS ASTROLOGIQUES SIGNE PAR SIGNE

Cet horoscope donne des tendances très générales, à partir d'une étude simplifiée des mouvements célestes d'une année donnée sur votre soleil (appelé communément « signe zodiacal »).

Il est possible que vous ne vous retrouviez pas du tout, dans la mesure où l'ascendant et la structure de votre thème – où sont positionnées les autres planètes – sont rarement dans le même signe.

Pour des prévisions plus personnalisées, vous pouvez toujours commander votre consultation téléphonique.

Bonne lecture !

Claude Alexis

Comment je ressens LE BÉLIER

(21 MARS – 20 AVRIL)
SIGNE DE FEU – PLANÈTE GOUVERNANTE : MARS

Vous êtes un être actif, fonceur, toujours dans l'action et dans le moment présent. Je vous vois comme un anticonformiste qui n'aime pas se projeter dans l'avenir et qui préfère choisir de réaliser ses rêves au jour le jour, avec l'impulsivité qui le caractérise. Dynamique, joyeux et bon vivant, vous êtes un véritable épicurien qui sait profiter de la vie et de ses plaisirs avec passion. Il est vrai que vous agissez souvent sans réfléchir, mais avec la grâce de vous fier plutôt à votre intuition ; et elle vous trompe rarement. Ce n'est pas un stratagème de votre part, mais la réaction d'un guerrier qui fonce dans le tas, avec une détermination sans faille et une volonté exemplaire. On peut vous reprocher que le tact et la diplomatie vous fassent souvent défaut, en raison de votre caractère entier, mais vous savez vite vous faire pardonner, car votre franchise et votre sincérité sont vos plus belles qualités.

Côté mode

Vous n'êtes pas vraiment un esthète. Votre tenue vestimentaire est surtout celle dans laquelle vous aimez bien vous sentir, car, comme vous avez horreur des mondanités et des protocoles, endosser un costume-cravate ou une robe de soirée vous demande beaucoup d'efforts. Un conseil : habillez-vous le plus souvent possible de rouge – votre couleur fétiche, symbole du feu et de l'énergie ! Il est clair que vous ne dépenserez pas une fortune dans une garde-robe de luxe, sachant vous contenter de quelques tenues bien coupées aux matières agréables, qu'il vous plaît d'alterner selon les besoins ; et c'est très bien ainsi.

Autour de vous

Le Bélier peut vivre dans la plus grande simplicité, mais il affectionne les intérieurs chaleureux et confortables, tout en restant dans une certaine sobriété de matières et de couleurs. Les meubles anciens vous ravissent, tout comme les tableaux de maîtres ou les sculptures. Ne vous en privez pas ! Même si, en général, vous aimez les espaces épurés où seul demeure l'essentiel, avec une préférence pour le bois, très présent dans votre maison, ainsi que les quelques objets de collection que vous aimez acquérir tout au long de votre existence, mais dont il vous est possible de vous séparer du jour au lendemain. Ami Bélier, vous n'êtes pas attaché aux choses matérielles, et c'est votre point fort.

Bien-être

Vous pouvez être fier de posséder une très bonne santé ! Vous êtes robuste, solide, ne perdant pas de temps à vous écouter. Le Bélier ne se plaint pas, lorsqu'il souffre... Les migraines et les insomnies sont votre point faible, du fait de votre effervescence intellectuelle. Mais vous consultez rarement les médecins, et vous savez vous soigner avec le strict minimum, dans le meilleur des cas. Avec l'âge, attention à l'arthrose et aux douleurs articulaires et musculaires ; il est bon pour vous de le savoir et d'anticiper.

Amour

Le Bélier est assez imprévisible, sur le terrain amoureux ! Ce passionné peut faire un mariage de raison pour s'assurer un confort et une existence paisible. La plupart du temps, vous ne consentez à vous engager durablement qu'après avoir vécu intensément de multiples expériences. Et vos choix amoureux sont souvent déroutants, car vous êtes malheureusement enclin à vous faire abuser par des partenaires qui profitent de votre générosité à l'excès, à moins que votre attirance ne se fixe sur des personnes atypiques et hors norme. Pour autant, cela ne vous pose pas de problème, car, si les autres ne savent pas pourquoi ils s'affichent avec telle ou telle personne, en revanche, vous, vous le savez parfaitement.

Profession

Vous êtes un travailleur, au sens noble du terme, ne comptant ni vos heures ni votre investissement pour atteindre vos objectifs. Perfectionniste et doté d'un sens du travail bien fait, avec des valeurs morales importantes, vous ne supportez ni le médiocre ni l'à-peu-près. Vous pouvez embrasser de brillantes carrières, si vous êtes vigilant et que vous développez la lucidité nécessaire pour ne pas vous faire piéger par des personnes peu scrupuleuses. Dans le cas contraire, vous pourrez subir une succession d'échecs professionnels qui vous atteindront au plus profond de votre être. On vous retrouve généralement dans des postes à responsabilités. Le commerce, la vente, le bâtiment, l'ingénierie, le médical ou le social sont vos domaines de prédilection. En parallèle, vous œuvrez souvent pour des associations caritatives, car je vous sais grand humaniste avant tout.

Animal de compagnie

Un chien de race sportive, mais calme à la ville, tel que le labrador, l'épagneul breton, le braque ou le cocker. Et, pour vous relaxer, le chat sera un excellent compagnon, doux à caresser… dans le sens du poil.

Bélier célèbres

Guillaume Canet, Fanny Ardant, Zazie, Benjamin Castaldi, Nicoletta, Victoria Beckham, Céline Dion, Clotilde Courau.

Pour séduire un Bélier

Le Bélier est un signe de feu, passionné et passionnant, anticonformiste par excellence. Ne vous souciez pas des convenances, et étonnez-le d'entrée de jeu. Sous son apparence de guerrier se cache un être adorable. À vous de savoir lui faire baisser la garde !

VOTRE ANNÉE 2023

Ambiance générale

Ce sont plutôt les loisirs, les rencontres amoureuses, les activités sportives et créatives, et la chance pure qui seront à l'honneur. Donc si vous êtes seul, mettez toutes les chances de votre côté pour vous mettre en évidence, et la chance vous sourira. Et n'hésitez pas à gratter, de temps en temps, un ticket ou à noircir une grille de loterie, le gros lot est peut-être à portée de main… À partir de l'été, la chance ne vous quitte plus, mais se déplace plutôt dans la sphère professionnelle ; ce sera le moment de vous épanouir dans ce secteur.

MOIS PAR MOIS

Janvier

Vous serez insatiable, curieux, aventurier, toujours prêt à mettre votre nez dans les affaires des autres, mais à vous faire aussitôt pardonner par une belle parole ! Attention à la fatigue nerveuse qui pourrait vous faire commettre des erreurs d'appréciation. Comme vous serez plutôt volubile en ce début d'année, vous affirmerez votre personnalité.

Cœur. En couple, vous vivrez au rythme de vos émotions, avec des moments de tension apaisés par des réconciliations torrides. Votre vie de couple suivra son cours, mais il ne faudra pas vous mettre des bâtons dans les roues.

Carrière. Vous devrez faire face à des litiges à régler, mais vous aurez toutes les cartes en mains pour le faire. Votre force de persuasion sera votre meilleure alliée.

Forme. Revoyez vos priorités, et accordez-vous des moments de repos indispensables pour récupérer.

Février

Votre vie professionnelle sera une réussite totale, pendant que vous essaierez de sauver votre couple, de l'autre côté ! Le paradoxe de la situation jouera sur votre moral, qui connaîtra des hauts et des bas, mais vous réussirez à prendre les choses en main et à redresser la barre, quitte à faire les choix qui s'imposent.

Cœur. Seuls les couples solides et constitués de longue date ne subiront aucune influence néfaste de la part des astres. Au contraire, ils découvriront de nouveaux jeux amoureux. En revanche, les unions récentes seront touchées de plein fouet par un flot d'incompréhensions, qui pourrait conduire à une rupture.

Carrière. Vous serez plein d'idées nouvelles. La communication sera difficile avec vos collègues, car vous ne serez pas en prise avec la réalité. Votre idéalisme vous portera vers des projets de grande envergure.

Forme. Faites une cure de vitamines, et le plein de sommeil pour récupérer. Ainsi, vous gagnerez en énergie, et votre santé générale s'en ressentira positivement.

Mars

Tout est possible, pour peu que vous vous en donniez les moyens. Vous chercherez à améliorer votre situation professionnelle ou à changer de voie pour exploiter au maximum vos compétences. Vous pourrez également vous mettre à votre compte ou vous associer à un partenaire financier, et ce sera sous de bons auspices.

Cœur. En couple, vous serez sur un nuage, et profiterez avec sérénité de cette entente harmonieuse. Célibataire, si vous faites une rencontre, elle aura toutes les chances de durer, et votre cœur peut s'emballer pour une personne d'origine étrangère qui risque de bouleverser votre vie.

Carrière. On va vous donner de nouvelles responsabilités qui vous apporteront beaucoup de satisfaction, et vous aurez plus de liberté qu'à l'accoutumée.

Forme. Vous serez pris dans une frénésie de travail, et vous irez bien au-delà de vos limites. Attention à vous ménager.

Avril

Vous jouerez avec le feu et prendrez des risques inutiles qui retentiront sur votre organisme, mais vous pourrez compter sur une reconnaissance professionnelle, tant financière qu'au niveau de vos compétences. Cela devrait vous redonner du courage pour assumer vos responsabilités. Et vous collectionnerez les trophées !

Cœur. Célibataire, vous serez entreprenant et n'hésiterez pas à déclarer votre flamme le cas échéant, tout en méprisant vos prétendants. Un conseil : revenez sur terre ! En couple, cela se manifestera par une nouvelle attirance envers votre partenaire et par une relation passionnelle.

Carrière. Le succès sera au rendez-vous si vous prenez les choses en main. Cette attitude sera positive, même si vous n'aurez pas toujours l'art et la manière d'exprimer vos idées avec diplomatie.

Forme. Bien que votre forme soit meilleure, vous souffrirez encore de tension nerveuse. Mettez-vous au vert, le week-end !

Mai

Des contrats vont se signer, et vous serez tellement sollicité que vous ne saurez plus sur quel pied danser ! Vous allez vivre une période intense au niveau des sentiments, avec une sensualité très affirmée. Dans le même temps, vous ne perdrez pas vos moyens dans le secteur professionnel et ferez des rencontres très enrichissantes.

Cœur. En couple, vous serez plus amoureux que jamais, et prendrez soin de l'être aimé. Célibataire, pas de doute, l'amour est au rendez-vous, sous la forme d'une ancienne relation qui reviendra dans votre vie, ou encore d'un coup de foudre en allant faire les courses.

Carrière. Vous serez submergé de travail mais fier des résultats obtenus. De ce fait, votre carrière professionnelle va se retrouver en pleine évolution, et cela renforcera votre ambition naturelle.

Forme. À vous les repas gastronomiques, les bons vins et la fête jusqu'au bout de la nuit. Attention à bien canaliser votre énergie !

Juin

Au travail, soyez très scrupuleux, surveillez attentivement vos comptes et vos affaires, pour faire face aux imprévus, le moment venu. N'oubliez pas que la persévérance et la ténacité sont les atouts de votre réussite ; et, comme vous avez de l'énergie à revendre, l'amour vous donnera envie de vous engager et de vous surpasser.

Cœur. Des engagements durables pourront être pris durant cette période. Vous serez épanoui et amoureux. C'est le moment où jamais d'envisager des projets d'avenir. Les célibataires auront envie de se poser et de trouver un partenaire de vie plutôt qu'une histoire d'un soir.

Carrière. Côté travail, c'est moins enthousiasmant. Ne baissez pas les bras, et tout s'arrangera. Soyez prudent dans vos affaires, surtout s'il s'agit de projets d'envergure qui nécessitent de la réflexion.

Forme. Pour vous défouler, rien de tel qu'un sport de combat. À l'approche de l'été, protégez vos yeux du soleil, sinon, gare aux migraines.

Juillet-août

L'été se présente comme le soleil : au zénith ! L'argent rentre, et vous allez pouvoir dépenser sans compter ! L'amour sera votre principale occupation, mais, tout l'été, vous évoluerez comme un patriarche qui veille au bonheur des siens. Que ce soit en juillet ou en août, rien ne peut altérer votre dynamisme et votre vitalité.

Cœur. Célibataire, vous pourriez faire une très belle rencontre, et mettre en œuvre l'envie de construire et de vous poser, de créer une famille, de vous investir dans une relation sérieuse. En couple, les enfants seront votre priorité !

Carrière. Sachez faire des choix pour ne pas être submergé de travail. Osez dire non ! C'est à vous de poser les limites et de remettre les profiteurs à leur place. Effectuez votre travail sérieusement, sans devenir l'esclave des autres.

Forme. Vous conjuguerez travail et détente avec une facilité déconcertante. Pas besoin de vitamines, vous avez de l'énergie à revendre !

Septembre

Vous êtes au top de votre forme, vous dégagez des ondes positives par votre optimisme inaltérable et votre bonne humeur. Comme les compromis ne seront pas au programme de la rentrée, cela provoquera des baisses de tension dues au stress et au manque de sommeil. Reposez-vous entre deux rendez-vous.

Cœur. En couple ou célibataire, vous jouissez d'un parterre de prétendants et d'amis qui se damneraient pour une soirée à vos côtés ! Célibataire, baissez la garde pour ne pas effrayer vos éventuels prétendants, car, malgré vos innombrables qualités, vous n'en êtes pas moins un être humain, avec des failles qui peuvent être touchantes. Je vois de légers conflits en vue à propos de l'éducation des enfants au sein du couple, mais vous arriverez à un compromis. Votre couple communique au ralenti, alors n'hésitez pas à faire des concessions pour retrouver une certaine harmonie.

Carrière. Misez sur les investissements, prenez des risques dans les affaires, et osez les placements, car les astres bénissent vos finances. Alors ne négligez aucune transaction, tout en prospectant activement pour trouver de nouveaux partenaires.

Forme. Votre moral est au beau fixe, tout comme votre silhouette qu'il faut continuer à entretenir.

Octobre

Vous faites preuve d'une grande énergie et de beaucoup de motivation dans le travail. Restez actif et persévérant, et vous obtiendrez d'excellents résultats. Si vous remarquez une légère tendance à la passivité, redressez la barre, car le travail ne va pas se faire tout seul. Bien que vos affaires soient une réussite, il faut poursuivre vos efforts pour en récolter les fruits.

Cœur. Un peu irritable, vous ne supporterez pas que l'on vous contredise ; et cela créera quelques tensions dans votre couple, car les conversations tournent vite au vinaigre. Ne soyez pas centré uniquement sur votre belle personne. Je vous conseille de faire un peu plus profil bas.

Carrière. Votre enthousiasme est, sans conteste, votre meilleur allié pour vous aider à boucler vos dossiers. Vous pouvez compter sur votre chance insolente pour signer des contrats juteux.

Forme. Votre manque de concentration se ressentira dans votre activité professionnelle, car vous pourrez commettre des erreurs d'inattention.

Novembre

Vous allez de l'avant et ne restez plus sur vos acquis. Côté métier, cela donne des revendications en bonne et due forme ; et, côté cœur, cela se traduit par un désir de liberté. Une grande vitalité et un potentiel décuplé dans les affaires vous promettent un mois riche en satisfactions professionnelles et financières.

Cœur. Votre vie sentimentale va être pleine de rebondissements. Vous vivrez au rythme de la passion, sans retenue ni considération pour les cœurs que vous pourriez briser. Attention à ne pas vous laisser emporter par votre instinct de chasseur. Vous êtes totalement survolté, et prêt à vous envoler pour un pays lointain.

Carrière. Vous saurez vous imposer avec force conviction, mais gare à trop d'impulsivité. Votre carrière est en pleine progression ; et l'on peut dire que vous vous distinguez par vos compétences.

Forme. Chassez la déprime à grand renfort de plaisirs. En forme et résistant, vous devriez être éclatant de santé !

Décembre

Vous ferez preuve de beaucoup d'audace dans votre vie, en relevant tous les défis. Vous prendrez ainsi votre ticket pour la gloire ! Vous serez en pleine expansion, et votre personnalité entière et charismatique se réveillera fortement. Tous les espoirs vous sont permis, vous terminez l'année en beauté.

Cœur. Célibataire, votre nonchalance cachera des intentions de séduction qu'il ne sera pas aisé de deviner au premier regard. Soyez plus insistant ! Luxe, calme et volupté, votre situation sera des plus convoitées. Attention à la jalousie de votre entourage, qui ne facilitera pas toujours la paix dans votre ménage.

Carrière. Vous aurez l'art et la manière de convaincre vos supérieurs de la nécessité d'effectuer certains changements au sein de l'entreprise. Au passage, vous démontrerez que vous êtes indispensable au bon fonctionnement de la société.

Forme. Pas d'inquiétude, tant que vous adopterez la *zen attitude* et que vous suivrez sérieusement les règles élémentaires de la nutrition.

Comment je ressens
LE TAUREAU

(21 AVRIL – 21 MAI)
SIGNE DE TERRE – PLANÈTE GOUVERNANTE : VÉNUS

Vous avez des valeurs morales, tenaces, influencées par l'éducation que vous avez reçue tout au long de votre vie, et qui a conditionné votre comportement. Comme vous avez le sens de la famille et de la transmission, je vous vois entreprendre votre arbre généalogique ou vous intéresser de près à l'histoire de vos ancêtres. Je vous le conseille fortement, car vous aurez encore plus à cœur de construire un foyer et de vous épanouir au milieu des vôtres. Bon vivant, jovial et enthousiaste, vous êtes très apprécié et toujours bien entouré. Votre personnalité attire la sympathie, car vous n'êtes jamais avare d'un mot gentil, d'une blague ou d'un sourire désarmant. Professionnellement, vous exercez votre activité avec dévouement, car le travail est, pour vous, une source d'enrichissement personnel plus que de profit, même si je vous perçois comme un investisseur avisé et économe. Vous aimez le confort et les biens matériels, mais ce que vous recherchez avant tout est la sécurité affective. À la recherche de l'âme sœur, si vous la trouvez, on peut vous faire confiance, vous lui serez fidèle et vous vous réaliserez pleinement à ses côtés.

Côté mode

Vous affichez des goûts plutôt classiques, tout en adorant les accessoires et les bijoux, même de pacotille ! Je dois reconnaître que vous achetez peu, mais vous privilégiez la qualité, les belles matières, les indémodables. On vous reconnaît à votre tenue irréprochable et à une certaine classe très naturelle. Je vous vois affectionner les textiles amples et vaporeux, car le confort de l'habit est un critère de sélection pour vous. Je vous conseille le bleu, le vert et le blanc, qui vous vont à merveille.

Autour de vous

L'intérieur d'un Taureau est toujours parfaitement tenu : les choses et les objets sont à leur place, et la lumière est omniprésente, que ce soit par la présence de grandes baies vitrées, de lampes de toutes sortes, de bougies ou autres photophores. La cuisine est très importante pour le Taureau, car il est un vrai cordon-bleu qui aime préparer de bons petits plats et inviter des amis dès qu'il le peut ! Vous adorez la technologie ; et, chez vous, elle est en général à l'honneur : télé grand écran, ordinateur, appareil photo numérique, car, malgré une apparente simplicité, vous aimez les signes extérieurs de richesse – et ce n'est pas un reproche.

Bien-être

Ami Taureau, vous possédez une très bonne santé générale, et il est rare de vous voir malade. Il est vrai que vous préférez le froid au chaud, mais vos saisons de prédilection restent l'automne et le printemps. Attention : votre peau, souvent sèche et fragile, redoute l'exposition au soleil, qui ne vous est, d'ailleurs, pas recommandée. Prenez donc soin de votre peau ! En bon épicurien, vous appréciez la bonne chère et restez assez fidèle à la cuisine traditionnelle, et surtout à celle de votre enfance. Je vous vois un point faible : vous devrez sans cesse protéger votre gorge, car vous êtes sujet aux angines, aux laryngites et, par extension, aux dérèglements de la thyroïde.

Amour

Le Taureau est un amoureux sensuel qui aime toucher, caresser et se laisser aller aux démonstrations d'affection et aux débordements émotionnels. Fidèle en sentiments, vous avez le cœur sur la main, mais il ne faut pas vous décevoir, car vous savez être très rancunier lorsque vous êtes blessé. Vous êtes capable de rester dans votre foyer par principe et par devoir, ou par dévouement envers vos enfants ! Il faut beaucoup de patience et d'amour pour vous récupérer. Pourtant, si la démarche est sincère, l'amour renaîtra de ses cendres. Une chose est sûre, avec vous, lorsque l'harmonie est présente, on peut tout vous demander.

Profession

Impérativement, vous êtes un adepte du travail bien fait. Le Taureau est un collaborateur sur lequel on peut compter, un bon conseiller et un patron soucieux du bien-être de ses employés. Les métiers de la terre vous conviennent : les activités manuelles et artistiques, les professions de la communication et du commerce – telles qu'architecte, sculpteur, ébéniste, agriculteur ou interprète. En fin de carrière, vous avez généralement assuré vos arrières et protégé votre famille du besoin. Oui, vous êtes un économe scrupuleux et un investisseur avisé qui peut envisager une retraite tranquille, tout en s'offrant les voyages de ses rêves. Profitez-en !

Animal de compagnie

Un chien qui adore les espaces extérieurs et qui présente une prédisposition à se promener et à vagabonder : le teckel, le dalmatien, le berger allemand ou le labrador ; mais un cheval compagnon ravira les amateurs d'équitation.

Taureau célèbres

Patrick Bruel, Karine Ferri, Arielle Dombasle, Nikos Aliagas, David Beckam, Jean-Paul Gaultier.

Pour séduire un Taureau

Il est riche en émotions, tant il peut passer du rire aux larmes en un instant, bon vivant et fin gourmet. Vous ne vous ennuierez pas un seul instant, si vous l'entraînez dans la joie de vivre et la bonne humeur !

VOTRE ANNÉE 2023

Ambiance générale

Il faudra éviter de céder à la facilité et à la suffisance. Les planètes pourraient vous valoir une mauvaise surprise, si vous êtes trop négligent concernant vos affaires, et que vous ne prenez pas soin de mettre de l'ordre dans vos papiers administratifs. En fin d'année, ce sera le moment propice pour voir les choses en plus grand dans de nombreux domaines – que ce soit vos amours, votre argent, ou vos activités créatives.

MOIS PAR MOIS

Janvier

Ce sera le moment de vous extérioriser davantage. Il est temps de développer votre relationnel et de vous mettre un peu plus en avant, pour faire valoir vos qualités et vos droits. Vous assumez parfaitement vos idées. Pensez simplement à les transmettre pour éclairer ceux et celles qui ne vous comprennent pas toujours très bien.

Cœur. Vous devrez provoquer des moments d'intimité avec votre partenaire, pour retrouver une complicité amoureuse ; la tendresse ayant pris le pas sur la passion. Célibataire, rien ne sert de vous cacher en espérant que l'amour se présentera ; soyez un peu plus entreprenant, et assumez vos sentiments sans fausse pudeur.

Carrière. On vous demandera beaucoup, mais, finalement, vous serez gagnant, car vous pourrez prouver à vos supérieurs qu'ils ont bien fait de vous avoir choisi. Vous devrez juste fournir un effort de communication, car votre sérénité silencieuse provoque parfois de la perplexité.

Forme. Il vous faudra prendre du recul face aux événements, et pratiquer la relaxation, afin d'évacuer le stress.

Février

La communication passe bien avec vos collègues, et vous savez vous intégrer dans une équipe en mettant en valeur vos nombreuses qualités. Curieux et avide de nouvelles rencontres, vous avez le vent en poupe, et votre forme éclatante fera bien des envieux ; mais n'en déduisez pas pour autant que vous pouvez délaisser une bonne hygiène de vie.

Cœur. En couple, vous donnerez votre avis, même si on ne vous le demande pas ; ce qui pourrait déstabiliser votre partenaire qui n'est pas habitué à ce que tous les sujets de conversation tournent au débat. Célibataire, vous pourrez enfin ouvrir votre cœur spontanément à la personne qui vous plaît.

Carrière. Vous serez enclin à faire du ménage dans vos papiers, à revoir votre planning, à équilibrer les tâches de chacun dans l'entreprise, ou à reprendre des contacts laissés à l'abandon.

Forme. Même si vous êtes endurant à l'effort, n'abusez pas des excitants, et limitez votre consommation de café.

Mars

Vous élargirez votre relationnel et multiplierez les nouveaux contacts ; les offres de partenariat se succèdent, à votre grand étonnement. Travailleur comme vous êtes, vous ne pensiez pas devenir l'objet de tant de convoitises. Un contrat avec l'étranger peut être mirobolant ; réfléchissez, ça en vaut la peine !

Cœur. En couple, vous aurez tendance à vous replier sur vous-même et à vous morfondre seul dans votre coin, si vous n'allez pas bien. Exprimez vos sentiments, vous en ressentirez un grand soulagement. Célibataire, vous allez mettre votre pudeur naturelle de côté, et devenir très entreprenant.

Carrière. Un projet audacieux va se mettre en place ; vous le défendrez avec conviction, et vous réussirez à vous imposer. Financièrement, la situation est stable.

Forme. Il serait de bon ton de troquer le sandwich du midi pour un vrai repas, et de limiter votre consommation de café.

Avril

Entre dynamisme et pessimisme, vous devrez gérer les situations en fonction de vos humeurs changeantes. Mais vous allez régler définitivement un projet qui traîne depuis le début de l'année. Rien

ne va altérer votre bonne humeur et votre détachement face aux événements ; et votre santé va s'en ressentir positivement.

Cœur. Un regain de passion dynamisera votre couple, et vous serez tenté d'idéaliser votre partenaire. Célibataire, vous aurez la tête ailleurs, préoccupé par votre carrière, au détriment de vos amours. Même si vous croisiez l'âme sœur, vous ne la reconnaîtriez pas.

Carrière. C'est le moment d'investir et de négocier des contrats fructueux La réalité est bien plus belle que vous ne la percevez. Courage ! Chassez les crises d'angoisse.

Forme. Vous tenez sur les nerfs, sans vous alimenter correctement. Pensez à ralentir la cadence, pour récupérer.

Mai

Avec un tel charisme, ne jouez pas les modestes ! Le couple et la famille seront à l'honneur. Ce mois-ci, un proche vous témoignera toute son affection, et cela vous bouleversera. Votre relationnel va s'élargir, et vous serez surpris de constater que les gens peuvent se retourner sur votre passage et reconnaître vos qualités.

Cœur. Célibataire, vous oserez prendre les devants pour accoster celui ou celle qui vous plaît, et lui ouvrir votre cœur. Je vous vois tout feu tout flamme, et prêt à vivre des émotions fortes. En couple, vous aurez mille attentions pour l'être aimé, et vous chercherez à rallumer la flamme du désir.

Carrière. Vos affaires se déroulent dans la plus grande tranquillité, avec de belles réussites à la clé. Vos compétences, reconnues et valorisées par vos supérieurs, vont vous valoir de plus hautes responsabilités.

Forme. La pratique de la relaxation active vous aidera à vous détendre et à aborder les autres avec moins d'anxiété.

Juin

Vous aurez l'impression de renaître après une longue période d'hibernation ! Au travail, je vois un regain de dynamisme également ; vous revendiquerez vos droits, vos envies et vos fonctions au sein du groupe. Beaucoup de stress à gérer, mais vous gardez le moral. Prenez le temps de vous détendre et de bien vous alimenter.

Cœur. En couple, vous connaîtrez une embellie sentimentale, tant sur le plan physique que sur le plan intellectuel. Je vous conseille de casser la routine. Pour les célibataires, vos désirs deviendront réalité, et vous pourrez séduire une personne qui vous plaît depuis longtemps.

Carrière. En position de force, vous allez conclure de belles affaires. Bien sûr, il vous faudra prendre des risques pour faire évoluer votre carrière, mais cela vous sera profitable à terme.

Forme. Votre santé pourrait inquiéter votre entourage. Alimentez-vous correctement.

Juillet-août

Vous allez profiter pleinement des cadeaux de la vie. En juillet, vous manquerez de discernement, et votre relationnel sera compliqué à gérer. Ne jouez surtout pas votre carrière durant cette période. Et, en août, la tension nerveuse pourrait vous faire somatiser. Je vous conseille de prendre de longues vacances pour vous ressourcer, avec comme rythme de croisière : mi-travail, mi-repos, et l'envie de vous occuper de votre personne.

Cœur. En couple, les sentiments sont sincères, et il ne tient qu'à vous de parfaire cette belle entente. Les célibataires auront la possibilité de vivre une relation amoureuse avec une personne qui a les mêmes idées qu'eux, et avec qui ils auront beaucoup de plaisir à échanger, dans tous les domaines.

Carrière. Prudence dans le domaine financier ! Le découragement peut se faire sentir en août, et il sera temps de partir vous reposer. Attention aux malentendus et aux incompréhensions en tous genres.

Forme. Travaillez sur vous et sur le sens de votre vie. Cela vous permettra d'apprécier, à juste titre, la qualité de vos proches et de gagner en maturité !

Septembre

Profitez des bienfaits des vacances pour aborder la rentrée avec calme et sérénité. Rien ne vous oblige à surcharger votre emploi du temps à peine arrivé au bureau, et à faire des heures supplémentaires par excès de zèle. L'heure est aux bonnes résolutions, alors soyez un peu plus à votre écoute.

Cœur. Le calme règne au sein du foyer. Grâce à votre sacro-sainte diplomatie, vous rassurez votre petit monde. Célibataire, votre cœur est partagé entre deux personnes, et vous n'arrivez pas à vous décider, pour ne blesser ni l'une ni l'autre. Prenez la bonne décision rapidement, c'est un conseil pour mieux vous porter.

Carrière. Votre persévérance est récompensée. Vous trouvez un bel équilibre professionnel, grâce à votre grande faculté d'adaptation et à des efforts acharnés. Les finances sont à la hausse, vous avez le vent en poupe !

Forme. Les vacances, c'est bien ; mais le repos, c'est mieux. Et vous ne savez pas vous arrêter, vous allez devoir prendre soin de vous.

Octobre

Avec une grande conscience professionnelle, je vois un beau contrat décroché ce mois-ci, à condition de vous entourer de personnes fiables, sur lesquelles vous pourrez compter pour vous assister. Gardez votre calme en toutes circonstances, et essayez d'obtenir ce que vous voulez par la diplomatie.

Cœur. Prenez un moment pour réfléchir à votre couple, avant de provoquer une discussion sérieuse. Soyez ferme et déterminé. Si votre couple est solide, votre partenaire saura vous écouter d'une oreille attentive et vous libérer d'un poids énorme.

Carrière. Si vous dirigez une équipe, valorisez vos interlocuteurs pour obtenir le meilleur, car ce n'est pas en vous énervant que vous obtiendrez gain de cause. Vous serez aussi prêt à prendre des risques pour augmenter votre pouvoir d'achat ou pour acquérir un bien ; je vois le succès assuré.

Forme. Vous êtes surexcité. Votre santé éblouissante n'en est pas moins fragile ; ne jouez pas avec le feu.

Novembre

Le bonheur est vraiment dans votre foyer ! On vous découvre radieux, comblé par votre entourage ; et pas un nuage ne saurait assombrir les merveilleuses relations qui comblent votre vie. Cela va vous donner des ailes, ainsi que l'envie de vous surpasser et le courage de relancer votre carrière.

Cœur. Si vous venez de faire une rencontre, vous pourriez envisager rapidement de vous installer ensemble, ou de faire un bébé. L'amour est très présent dans les relations familiales et affectives, les amis vous entourent et vous soutiennent, et votre partenaire est exemplaire, tandis que vos enfants illuminent votre vie.

Carrière. Bien décidé à vous montrer à votre avantage et à faire fructifier vos affaires, vous n'hésiterez pas à démarcher, à ouvrir votre relationnel et à resserrer vos objectifs. Et vous serez tenté par un nouveau défi !

Forme. Votre vitalité sera excellente, si vous prenez soin d'éviter les courants d'air. Le sommeil sera votre meilleur allié.

Décembre

Vous distillez du bonheur et de la bonne humeur dans votre foyer. Il ne vous manque plus qu'une auréole au-dessus de la tête pour

prendre place dans la crèche de Noël ! À ce degré d'abnégation, on ne peut que vous féliciter de tant d'amour désintéressé ; mais vous êtes sincère, et c'est tout à votre honneur.

Cœur. N'oubliez pas de penser un peu à vous ! Il sera difficile de vous faire le moindre reproche, tant vous serez exemplaire en tous points. Sous le signe des préparatifs des fêtes de fin d'année, vous consacrerez l'essentiel de votre temps à votre famille et à la décoration intérieure.

Carrière. Vous pourriez décider de prendre un congé en cette période de l'année, pour vous ressourcer en famille ; cela vous fera le plus grand bien, et vous permettra de décompresser.

Forme. Une belle énergie vous portera aux sommets, vous serez particulièrement sensible aux choses et aux gens.

Comment je ressens

LES GÉMEAUX

(22 MAI – 21 JUIN)
SIGNE D'AIR – PLANÈTE GOUVERNANTE : MERCURE

Vous êtes intelligent et curieux, et vous avez l'art de vous adapter à n'importe quelle situation. Je vous vois entreprenant et enthousiaste, à fourmiller d'idées, sans cesse prêt à élaborer de nouveaux projets, que vous abandonnez aussi vite que vous les imaginez, car vous allez rarement au bout de vos aspirations. Vous ressentez surtout un grand besoin d'être aimé, protégé et entouré pour pallier vos crises d'angoisse, mais il ne vous est pas facile de cerner ce que l'on attend de vous en retour ; alors, parfois, vous vous sentez incompris. La parole est votre principal moyen de séduction, et vous êtes doué pour tous les métiers de communication et d'art. Continuez à dégager beaucoup de joie, de bonne humeur et d'activités diverses et variées, votre compagnie n'en sera que plus recherchée !

Côté mode

La femme Gémeaux a de multiples facettes et une garde-robe à son image : hétéroclite et originale. Le jean côtoie la robe au décolleté renversant, et les baskets vont de pair avec les sandales argentées. Garçon manqué ou femme fatale, vous brillez de jour comme de nuit ; tandis que l'homme Gémeaux se démarque par un look original qui ne passe pas inaperçu. Vos vêtements sont toujours en accord avec votre humeur, et votre séduction passe par l'image que vous souhaitez dégager. Ne changez rien !

Autour de vous

La maison n'est pas un élément essentiel de votre vie, car, bohème dans l'âme, vous ne restez jamais très longtemps au même endroit. Les déménagements sont fréquents au cours de votre existence, et correspondent souvent à une nouvelle direction professionnelle ou amoureuse. Vous attachez plus d'importance à votre qualité de vie qu'à l'habitat. L'important est que l'ambiance soit chaleureuse, que la vue soit dégagée, et que vous ne vous sentiez pas trop à l'étroit. Votre amour pour la décoration instaurée autour des lieux que vous habitez renvoie au parcours de vos voyages, de vos souvenirs et de vos évasions.

Bien-être

Sans être réellement malade, vous avez une santé délicate, mais une très bonne constitution. Tous vos désagréments sont souvent d'origine nerveuse et vous prédisposent aux troubles digestifs et intestinaux. Le Gémeaux est très sensible des voies respiratoires, et souvent sujet aux poussées de fièvre et aux inflammations diverses. Pour conserver votre santé, je vous conseille de vivre souvent au grand air et de faire de nombreux exercices respiratoires, ainsi que de pratiquer le yoga. Vous préférez généralement le cyclisme, le football, le ski, la course et tous les sports qui vont vite, impétueux Gémeaux !

Amour

Votre personnalité attire les personnes les plus diverses. Vous séduisez surtout par vos multiples facettes, ainsi que par votre charme irrésistible. Pour vous garder, votre partenaire devra être assez souple, afin de bien comprendre votre indépendance. Votre vie amoureuse doit être intense et pleine de surprises et de fantaisie, car vous ne supportez pas la routine. Vous n'êtes pas d'une nature très fidèle, sauf si vous avez trouvé le partenaire qui vous comble affectivement, sexuellement et intellectuellement.

Profession

Vous avez besoin de changements et de renouvellements perpétuels dans votre vie professionnelle. Rien ne vous ennuie plus que la monotonie ! Quelle que soit votre profession, vous vous démarquez par votre facilité d'expression, votre ambition et votre séduction. Vous seriez, bien entendu, un excellent acteur, un merveilleux comédien, mais aussi un conférencier passionnant, un brillant avocat ou un remarquable vendeur. Tous les métiers nécessitant des relations avec l'étranger – comme le journalisme ou le tourisme – vous conviennent également.

Animal de compagnie

Un chien à l'esprit indépendant, comme le setter irlandais ou le chien de montagne. Le chat comblera le Gémeaux par son allure mystérieuse et son indépendance. Le perroquet, drôle et curieux, ravira les natifs du signe.

Gémeaux célèbres

Stéphane Plaza, Gérard Lanvin, Amel Bent, Julie Gayet, Nicole Kidman, Jean Dujardin, le prince William.

Pour séduire un Gémeaux

Le Gémeaux est un convive réjouissant, car sa gourmandise et sa joie de vivre en font un bon vivant qui savoure chaque moment avec volupté. Aimez faire la fête, et vous passerez des moments délicieux tout en séduction, en drôlerie et en émotion.

VOTRE ANNÉE 2023

Ambiance générale

Une transformation profonde de votre psychisme et une prise de conscience sont en marche pour ne plus brûler la chandelle par les deux bouts, et prévoir un peu plus les choses. La liberté d'action est un trésor, mais la désorganisation peut dilapider votre richesse et vous rendre, in fine, esclave des contraintes que vous aviez fuies. Essayez de planifier et d'organiser un peu plus votre vie. Et tenez vos engagements – tout ira bien.

MOIS PAR MOIS

Janvier

Vous serez enveloppé d'une nappe de brouillard qui vous rendra secret et mystérieux, et votre relationnel s'en trouvera perturbé ; mais cela vous permettra d'éclaircir une situation confuse. Vous afficherez une belle vitalité, qui cachera un peu de morosité avec une envie de solitude, pour vous retrouver et organiser autrement votre vie professionnelle.

Cœur. Essayez de relativiser. L'humeur sera à l'introspection, à un retour aux sources, avec l'envie de régler certains problèmes anciens qui continuent de vous perturber. Vous prendrez de la distance pour réfléchir à vos désirs. Vous aurez envie de tranquillité. Célibataire, vous serez séduit par une personne introvertie.

Carrière. Votre faculté de discernement sera un peu faussée, et vous pourriez faire de mauvais choix. Vous aurez de belles opportunités, car on fera appel à vos talents artistiques et à vos idées novatrices. Ne laissez pas passer l'occasion !

Forme. Vous attaquerez l'année du bon pied et vous surmonterez les petits coups de fatigue, mais, attention, votre résistance peut vous jouer des tours.

Février

Votre vie professionnelle sera placée sous le signe de la réussite, et tous vos efforts se verront récompensés. En revanche, le stress continuera à vous mener la vie dure, car vous êtes tellement investi dans votre travail que vous ne comptez ni les heures ni les efforts pour le mener à bien. Réservez-vous des moments au calme ; la solitude vous est nécessaire pour vous ressourcer.

Cœur. Plutôt que de ruminer vos soucis dans votre coin, vous les partagerez ; et cela vous redonnera le sourire de voir que vous n'êtes pas seul à gérer le quotidien. Vous aurez envie de sortir, de voir des amis et de renouer des relations amicales que vous aviez négligées. Célibataire, vous irez vers les autres.

Carrière. Vous pourriez être tenté de vous embarquer dans une affaire douteuse, simplement parce qu'un ami vous la propose. Aussi, gardez la tête froide, et utilisez vos qualités et votre intuition pour faire les bons choix.

Forme. Comme vous n'évacuez pas la tension nerveuse, vous n'êtes pas dans un état d'esprit propice au sommeil. Il faut vous accorder des pauses de détente.

Mars

Vous serez beaucoup plus à l'écoute des autres et, pour une fois, vous suivrez leurs conseils au lieu de n'en faire qu'à votre tête ! Si vous êtes à votre compte, économisez pour ne pas vous retrouver dans une situation embarrassante vis-à-vis de votre banquier. Un nouveau projet provoque l'unanimité de vos collaborateurs et vous offre une réelle chance de prospérité.

Cœur. Célibataire, votre charme ne laissera personne indifférent. Vous sortirez beaucoup et n'hésiterez pas à engager la conversation si une personne vous plaît. Pour certains, une rencontre inespérée va modifier le sens de leur vie !

Carrière. Vous serez ouvert à la nouveauté et prêt à vous investir pour défendre vos idées ou un projet en lequel vous croyez. Vous devrez simplement prendre toutes les précautions avant de vous engager.

Forme. Les nuits seront courtes ; et votre sommeil, perturbé. Pensez à bien vous hydrater et à essayer de dormir au moins huit heures par nuit.

Avril

Vous serez très opportuniste dans le travail, en vous donnant les moyens de vos ambitions pour réaliser vos projets et accroître votre capital. Un contrat juteux pourrait se signer ce mois-ci ! En revanche, votre vie sentimentale ne fera pas partie de vos priorités, et vous pourriez la négliger pour rester concentré sur vos objectifs professionnels.

Cœur. Patience, le soleil reviendra dans votre vie, et le gris se transformera en rose pour les couples qui se retrouveront au travers de passions communes et d'échanges intellectuels enrichissants. Célibataire, vous serez plus occupé à travailler qu'à papillonner, mais une belle rencontre se prépare.

Carrière. Des changements et des imprévus seront possibles, mais, comme vous remettrez certaines choses en place, il sera normal de faire face à quelques perturbations. Et les finances seront à la hausse, car vous serez plus lucide.

Forme. Vous saurez être prudent quand il le faudra, et écouter les signaux d'alarme que vous enverra votre corps.

Mai

Vous déborderez de tendresse et de gentillesse pour vos proches. Les liens se resserrent dans le couple, et cette douce complicité devrait conduire à élaborer des projets d'avenir. Vous pourriez vous lancer dans une grande entreprise ou changer radicalement de voie pour vous épanouir pleinement.

Cœur. Beaucoup de tendresse en perspective, avec une recherche d'équilibre et d'harmonie. Vous pourriez songer à vous marier ou à faire un enfant pour souder votre union. Célibataire, le romantisme sera votre point fort, et vous y succomberez.

Carrière. Courage, car vous retrouverez une belle énergie qui vous portera à défendre vos projets avec hargne et détermination. Seul votre enthousiasme sera le garant du succès de votre entreprise.

Forme. Les astres vous aideront à éliminer, si vous les aidez, de votre côté, en mangeant sainement, en buvant beaucoup et en dormant suffisamment.

Juin

Le sens des responsabilités va vous rappeler à l'ordre. Et autant vous aurez envie de vous reposer dans les bras de l'être aimé, autant vous travaillerez d'arrache-pied pour améliorer votre situation professionnelle et financière. Bravo !

Cœur. Vivre dans l'harmonie, être à la recherche d'une relation tranquille – voire routinière – pour vous reposer sur votre moitié en toute sérénité, voilà ce à quoi vous allez aspirer. En couple, vous prendrez des engagements l'un envers l'autre. Célibataire, vous rechercherez aussi la stabilité.

Carrière. Je vous vois vaincre vos incertitudes pour aller de l'avant, en empruntant des chemins balisés qui vous permettront d'atteindre vos objectifs. Attention à la folie des grandeurs, je vous conseille un peu plus d'humilité.

Forme. Comme vous n'êtes pas un sportif dans l'âme, un peu d'activité physique vous ferait le plus grand bien.

Juillet-août

Un changement s'opère en vous, et vous dirigez votre vie d'une main de maître. Vous avez des envies d'émancipation, alors foncez ! En amour, vous manquerez un peu de lucidité. Ensuite, vous ferez une remise en question générale de votre vie. Cet été, les amis seront à l'honneur, vous ferez de nouvelles rencontres, et votre charme agira sans retenue.

Cœur. Célibataire, de belles rencontres se présentent. Gardez les yeux bien ouverts ! En couple, ce sera un été riche en contacts humains, en invitations et en escapades en amoureux. Je vous vois filer le parfait amour, et désireux de partager votre bonheur avec vos proches.

Carrière. La fatigue pourra vous ralentir dans vos activités. Ce serait idéal de prendre des vacances ou de vous offrir des soins relaxants. Mais votre dynamisme restera excellent. Allez de l'avant et imposez vos idées.

Forme. Faites des pauses, du shopping, des balades, et prenez le temps de souffler, la sérénité en découlera.

Septembre

Vous êtes traversé de doutes, de craintes pour l'avenir, et votre belle sérénité s'est vite envolée après l'été, dont les bienfaits se sont estompés. Ne dramatisez pas, tout va s'arranger. Cherchez une activité culturelle qui vous fera oublier les soucis quotidiens, afin de ne pas mobiliser toute votre attention à régler les conflits. Et n'oubliez pas vos amis ; avec eux, la détente est garantie.

Cœur. Votre couple subit les effets de vos tiraillements intérieurs, alors prenez le temps de discuter et de faire baisser la pression, car vous avez du mal à vous remettre en question. Les célibataires se lassent rapidement des personnes croisées. Vous êtes en proie à une baisse de tonus.

Carrière. Calmez le jeu, et vous aurez gain de cause. Soyez philosophe, appuyez-vous sur vos collègues pour régler les problèmes qui surviennent. Vos finances seront sujettes à des fluctuations, attention !

Forme. À fleur de peau, en proie aux incertitudes, votre organisme se révolte de tant de colère rentrée. Libérez-vous des mauvaises toxines.

Octobre

Vous êtes seul maître à bord, capable du pire comme du meilleur, mais, si vous occupez un poste à hautes responsabilités, je vous conseille de faire taire votre agressivité latente et de ménager vos collaborateurs. Soyez plus modéré dans vos propos, et ne vous laissez pas emporter par un enthousiasme excessif, car vous avez toute l'énergie nécessaire pour mener à bien un grand projet.

Cœur. Prenez un moment pour souffler et vous consacrer un peu plus à l'élu(e) de votre cœur. La vie à deux n'est pas toujours idyllique, et il arrive parfois que le quotidien empiète sur les tendres moments que l'on aimerait partager. Célibataire, prenez le temps de séduire, vous êtres trop occupé par votre travail !

Carrière. Je vois un événement imprévu qui vient bousculer votre plan de carrière. Cette rencontre inespérée vous remet d'aplomb et décuple votre motivation. Vous allez travailler avec passion.

Forme. Il faut vous accorder des pauses de détente indispensables. Changez votre mode de vie, et prenez de bonnes résolutions côté santé.

Novembre

Les nerfs en pelote et le mental en ébullition, vous avez du mal à contenir votre colère et votre indignation face aux événements. Mettez-vous au vert – c'est le conseil que je vous donne ! Vous ne vous reconnaissez plus, perdu dans le flot de vos pensées, en proie aux doutes et aux désillusions. Seul le repos viendra à bout de ce début de dépression.

Cœur. En couple, vous multipliez les impairs et les maladresses. Vous qui, d'ordinaire, êtes exemplaire pour arrondir les angles, vous devenez autoritaire et intransigeant. Prenez du recul et tournez sept fois votre langue dans la bouche avant de parler.

Carrière. Les natifs qui évoluent dans le relationnel rencontreront des difficultés à s'exprimer et une tendance au mélodrame. Vous serez déstabilisé par des changements inopinés dans votre travail. Essayez de vous adapter !

Forme. Avec une forme exemplaire et une vitalité satisfaisante, vous profiterez de la vie, tel un épicurien en quête de plaisirs interdits.

Décembre

Est-ce l'approche des fêtes qui vous met de si joyeuse humeur, l'amour de votre partenaire ou les signatures professionnelles ? Quoi qu'il en soit, vous pourrez vous vanter d'être une personne heureuse. Comme vous serez audacieux et brillant, on vous déroulera le tapis rouge ! Profitez de cet état de grâce.

Cœur. Votre couple redeviendra plus solide que jamais, et vous vous entendrez à merveille avec votre moitié. Les liens vont s'intensifier au fil des jours, gommant les dernières traces de tensions qui restaient en suspens. Célibataire, vous ne perdrez pas une occasion de jouer les fanfarons.

Carrière. Vos finances seront fragiles, aussi faudra-t-il surveiller vos comptes pour limiter les dégâts. Mais, comme votre travail ne manquera pas d'être remarqué par un supérieur, on vous offrira une prime de fin d'année.

Forme. Attention à ne pas céder à la tentation de trop de dinde aux marrons, de foie gras ou de bûche au chocolat, car votre corps sonnera l'alarme.

Comment je ressens
LE CANCER

(22 JUIN – 22 JUILLET)
SIGNE D'EAU – PLANÈTE GOUVERNANTE : LUNE

La femme Cancer a de l'énergie à revendre et une sacrée personnalité, avec un tempérament bien trempé. Je vous vois comme une femme de tête qui sait ce qu'elle veut et comment l'obtenir, au risque de paraître parfois superficielle, car vous dissimulez merveilleusement vos sentiments et jouez à fond la carte de l'apparence. Mais, au fond, vous êtes une séductrice, une rêveuse et une idéaliste souvent insatisfaite, car vous placez la barre très haut. Pleine de contradictions, vous préférez dissimuler la réalité pour ne pas avoir à l'affronter. L'homme Cancer est un gentleman aux bonnes manières. Séduisant et séducteur subtil, il a l'art et la manière de parvenir à ses fins, en douceur et avec beaucoup de délicatesse. Il a des ambitions, mais il peut vivre simplement, s'il est heureux ; alors que madame Cancer ne se contentera pas de trop peu !

Côté mode

Vous ne passez jamais inaperçu, car votre démarche féline et chaloupée se remarque immédiatement. Attention à ne pas être trop dépensier, car je vous ressens facilement *fashion victim*, tant votre goût pour la mode est prononcé. C'est un fait, vous aimez les belles matières, les tissus raffinés – voire un peu clinquants –, les bijoux, les accessoires... Toujours élégant, le Cancer a du style et de la classe ! Et un budget shopping impressionnant. C'est le séducteur absolu, et son look est à son image : irrésistible.

Autour de vous

La maison du Cancer est un havre de paix. Pas de faute de goût. Tout est à sa place et se marie divinement. Le blanc est la couleur dominante de son intérieur, avec des touches de couleur, ici et là. Le bois a sa préférence. Les couleurs chaudes, comme l'ocre et les dégradés de brun, se retrouvent dans les coussins ou les fauteuils. L'environnement est confortable, et l'on s'y sent bien. Au milieu de plein de petits bibelots anciens, de photos et d'objets fétiches, le Cancer est un nostalgique ; alors sa maison peut vite devenir un musée de souvenirs.

Bien-être

Généralement en excellente santé, le Cancer puise dans ses ressources intérieures pour prendre soin de lui comme il se doit. C'est une personne sensible et intuitive qui connaît bien ses limites, ses désirs et ses besoins. Quand vous êtes malade, vous faites en sorte de vite vous soigner et de ne pas laisser traîner des symptômes sans réagir. Vous accordez au sport une place importante, mais pas dans l'excès, juste ce qu'il faut pour se sentir bien. Vous êtes avant tout un signe positif, doté d'une force de vie incroyable qui vous permet de rebondir quoi qu'il arrive.

Amour

Les amours du Cancer sont souvent multiples, avant qu'il ne fasse son choix. Mais, quand l'homme ou la femme de sa vie apparaît et qu'il le/la reconnaît comme tel(le), il est alors d'une fidélité absolue. En revanche, il ne faut pas le décevoir, ni le trahir ni l'humilier ;

car, plus qu'un autre, le Cancer n'oubliera pas et aura le goût de la vengeance. S'il est aimé, et surtout rassuré sur les sentiments de son partenaire, il sera d'une dévotion incroyable et pourra vous décrocher la lune. Mais attention : le Cancer a sans arrêt besoin d'être surpris, et il a tendance à en vouloir toujours plus. Son appétit insatiable reste difficile à contenter.

Profession

Au travail, le Cancer est prodigieux, efficace et performant. Vous avez le sens du devoir accompli, du travail bien fait, et votre professionnalisme frôle parfois la perfection. Vous vous révélez épatant dans tous les métiers de la communication : journaliste, grand reporter, vendeur, animateur, acteur ou vendeur de boissons sur la plage. Votre bagout et votre charisme ne cesseront de séduire, d'étonner et de convaincre.

Animal de compagnie

Un boxer joyeux et sympathique ou un bon gros saint-bernard se révèleront des compagnons idéaux, ou encore un chien majestueux appartenant à l'histoire comblera cet amoureux à la nostalgie du passé.

Cancer célèbres

Isabelle Adjani, Eva Green, Julien Doré, Vincent Lindon, Charlotte Gainsbourg, Nathalie Baye.

Pour séduire un Cancer

Le Cancer est une personne dynamique, extravertie, mais rêveuse et romantique, recevez-la dans un décor des *Mille et Une Nuits*, dans un palais ou un château, mais pas dans la bergerie. Il a le goût du luxe, du beau, du confort et du raffiné !

VOTRE ANNÉE 2023

Ambiance générale

Essayez de regarder la situation sous un jour nouveau, en laissant tomber vos vieux dogmes, sans renoncer, pour autant, à l'essentiel de vos valeurs, de vos rêves et de vos idéaux. Profitez de la première partie de l'année pour vous consacrer aux opérations financières, qui seront largement favorisées. La rentrée sera plus propice à vos échanges avec vos frères, vos sœurs, vos voisins ou vos amis.

MOIS PAR MOIS

Janvier

Si vous respectez quelques règles, vous vous porterez comme un charme. Pensez à vous reposer. Vous apparaissez fragile physiquement ; mais, heureusement, très fort mentalement. En vrai battant, vous allez sortir vainqueur de toutes les situations. Comme vous serez en manque d'affection, vous sortirez vos armes et ferez en sorte de bien vous comporter pour en recevoir.

Cœur. Votre sensualité va de nouveau se réveiller ! Faites en sorte de ne pas vous amouracher du premier ou de la première venu(e), même si la solitude se fait sentir. À être trop entreprenant, vous risquez de dissuader un partenaire éventuel de s'engager à vos côtés. En couple, vous constaterez une nette amélioration.

Carrière. La chance ne vous quittera pas, et protégera toute négociation importante ou signature d'un contrat. Si vous êtes en profession libérale, vous réglerez aisément les factures et les impayés de l'année passée.

Forme. Côté moral, ne vous laissez pas submerger par les émotions négatives. Ce sera une excellente occasion pour décharger le trop-plein d'énergie.

Février

Vous mettrez tout votre savoir-faire au service d'une relation tendre et passionnée, tout en gardant un sentiment de liberté. Vous serez tellement survolté tout le mois – que ce soit dans votre travail ou dans votre vie amoureuse – que vous abuserez des bonnes choses et raccourcirez votre temps de sommeil pour mieux en profiter. Essayez de trouver un juste équilibre.

Cœur. Comme vous ne ferez pas dans la demi-mesure, il faudra suivre votre cadence ou passer son chemin. Néanmoins, vos amis vous entoureront avec bienveillance et ne pourront se passer de vous, car votre humour grinçant et votre sens de la fête sont vivement appréciés.

Carrière. En affaires, vous allez vous révéler intraitable, et vous réussirez à jauger vos adversaires d'un seul coup d'œil ; ce qui vous permettra d'utiliser leurs faiblesses à votre avantage.

Forme. Essayez de pratiquer du sport pour évacuer les mauvaises énergies, et privilégiez une alimentation peu calorique.

Mars

Une association vous sera très bénéfique, mais attention à ne pas mélanger la famille et votre vie professionnelle ! Restez maître de vos sentiments et regardez les gens avec lucidité. Vous mettez du cœur à l'ouvrage, sans compter vos heures ; vous êtes acharné plus que jamais et vous développez votre sens relationnel. Le mois est propice aux signatures de contrats et à la communication à long terme.

Cœur. Vous aurez besoin d'indépendance, mais vous saurez ensuite revenir à plus de tolérance, et tenterez de vous faire pardonner votre mauvais caractère par tous les moyens. Votre partenaire en sera touché, et vous pourrez repartir sur de bonnes bases. Célibataire, vous aurez l'âme d'un aventurier.

Carrière. Votre sens de l'organisation sera un atout, car vous remettrez de l'ordre dans vos finances afin de ne pas perdre pied. Certains projets vont être momentanément bloqués, et vous devrez rester patient.

Forme. Vous trouverez réconfort et détente auprès de vos proches ; ainsi, vous retrouverez de la joie de vivre et le désir de relever tous les défis.

Avril

Vous opérerez de nombreux changements dans votre vie professionnelle et dans votre vie privée. À l'écoute de vos désirs profonds et de ceux des autres, vous remettrez en question vos acquis et vos valeurs, et vous valoriserez le travail d'équipe. Cette nouvelle douceur, que vous apporterez dans vos relations humaines, rejaillira directement sur votre vie.

Cœur. Soyez au plus près de votre ressenti, et vous retrouverez le sourire et la joie de vivre, après avoir évacué vos vieux démons. Vous pourrez alors construire ou reconstruire une relation de couple fondée sur le respect mutuel. Cette transformation intérieure vous permettra de retrouver un certain équilibre.

Carrière. Cette période sera propice à l'élaboration de projets à long terme, et vous élaborerez un vrai plan de carrière sur lequel vous pourrez vous appuyer dans les moments de doute ou de découragement.

Forme. Endurant à l'effort, vous serez capable de réaliser des performances et d'être au top.

Mai

Ne soyez pas emporté par la folie des grandeurs, sous peine de causer votre propre perte ! Vous aurez beaucoup d'ambitions professionnelles, mais vous devrez travailler encore plus que d'habitude pour les réaliser. En amour, vous serez plutôt chanceux ; alors faites en sorte de préserver l'équilibre, et freinez les excès en tous genres, si vous voulez conserver une santé optimale – car vos réserves d'énergie s'épuisent.

Cœur. En couple, il vous sera difficile de rester fidèle, tant vous serez admiré, complimenté et sollicité de partout ! Célibataire, vous n'aurez rien à faire pour faire battre les cœurs autour de vous. Vous serez tout simplement irrésistible, et vous n'aurez que l'embarras du choix.

Carrière. Restez calme et professionnel en toutes circonstances, car il vous faudra jouer la carte de la stratégie pour mener à bien vos projets et ne pas hésiter à revoir certaines données si les choses vous échappent.

Forme. N'en faites pas trop, et surveillez votre dos qui sera fragile. Évitez de porter des charges lourdes, je les vois néfastes pour vous.

Juin

Le stress jouera sur la qualité de votre vie amoureuse et familiale, car vous ne serez pas toujours à l'écoute de vos proches. Au travail, vous ferez monter la pression, en affichant un moral d'acier et une énergie débordante. Soyez déterminé et professionnel, et vous pourrez vous réaliser dans des projets qui vous passionnent ; en y mettant beaucoup d'énergie.

Cœur. Il y aura des hauts et des bas au sein de votre couple, et vous allez vous disputer pour des petits riens et vous réconcilier aussitôt en vous excusant de vous être énervé pour si peu. Célibataire, vous serez démonstratif et sensuel, et vous aurez l'art de séduire la personne qui vous plaît.

Carrière. Comme vous allez privilégier vos envies au détriment de l'intérêt financier, ce sera profitable à votre épanouissement personnel. Continuez dans cette voie, et faites-vous confiance !

Forme. Vous voilà à nouveau en forme et heureux de tenir vos objectifs. Vous retrouvez du tonus et de l'allant !

Juillet-août

Laissez-vous aller à la déraison de ne rien faire, au moins une journée par semaine ! Un projet va se concrétiser, pour votre plus grande satisfaction. Votre relationnel va également prendre de l'ampleur, et vous planifierez déjà votre rentrée avec une détermination hors pair. Attendez-vous à ce que votre carrière occupe votre esprit, même en vacances.

Cœur. Les couples vont partager tendresse et complicité, et vous élaborerez ensemble des projets d'avenir au point de ressentir le besoin de vous investir pleinement dans votre relation. Pour les célibataires, la chaleur de l'été aura des effets torrides sur leur libido. À vous les conquêtes et les aventures éphémères !

Carrière. Avec une grande énergie, vous serez sur tous les fronts en même temps ; attention à ne pas la gaspiller inutilement. Établissez un planning pour ne pas être débordé, si vous n'êtes pas en vacances.

Forme. Profitez de vos congés pleinement, sans chercher à tout contrôler. C'est le seul moyen de relâcher les tensions et de vous ressourcer vraiment.

Septembre

Votre moral est au beau fixe, mais, à force de jouer avec votre santé, votre organisme se détraque. Il ne tient qu'à vous de le remettre d'attaque. Il peut vous prendre l'envie de déménager ou d'effectuer des travaux… Foncez, la période est propice aux investissements ! Comme vous rêvez en secret de vous adonner à une nouvelle activité, vous passerez tout votre temps libre à cogiter sur ce projet.

Cœur. En couple, les liens se renforcent, avec un vrai respect l'un pour l'autre. Célibataire, vous ne partez plus à la conquête d'un idéal, mais vous regardez avec plus de lucidité les personnes que vous approchez, en appréciant tout autant leurs défauts que leurs qualités.

Carrière. Analysez vos désirs profonds, et laissez-vous tenter par de nouvelles entreprises. Vous aspirez à de plus hautes responsabilités, et votre détermination à décrocher un nouveau contrat va payer : vous êtes le meilleur !

Forme. Ne provoquez pas trop la chance, cessez d'être constamment intrépide ; soyez prudent.

Octobre

Je vous conseille de réagir. Dans votre vie professionnelle, votre personnalité extravagante sera une arme formidable. Imperturbable et ambitieux, malgré les attaques de certains confrères, vous relèverez tous les défis avec la force et l'énergie qui vous caractérisent. Soyez rassuré, ce que vous convoitez vous sera accordé après négociations, et vous pourrez savourer le plaisir de la victoire.

Cœur. Ne partez pas en amour comme on part à la guerre, avec la volonté de détruire l'ennemi. Attendez-vous à des remous, à des scènes de jalousie. Calmez votre fureur, c'est un conseil. La tension intérieure qui vous habite est un vrai moteur dans votre vie professionnelle, mais pas dans l'affectif.

Carrière. Lorsque vous aurez récolté les lauriers et autres couronnes du succès, faites baisser la pression et rechargez vos batteries afin de vous ressourcer. Côté finances, il vous faut rester vigilant.

Forme. Le stress est votre pire ennemi. Essayez toujours de faire du sport pour évacuer les mauvaises énergies.

Novembre

Votre ténacité et votre volonté de réussir seront payantes, si vous êtes disposé à faire confiance à des personnes influentes et compétentes. Mais, comme vous êtes très sensible aux démonstrations d'amitié, votre discernement pourra être perturbé par l'affectif – ne perdez pas votre sens critique. Et ne négligez pas votre vie privée pour autant !

Cœur. Il vous faudra réagir d'urgence, afin de retrouver un terrain d'entente favorable. Essayez de régler vos différends dans le calme, avec un peu de discernement. Célibataire, plus enthousiaste que jamais, vous succomberez au charme d'une belle personne qui vous transportera au septième ciel.

Carrière. Faites confiance à vos collaborateurs, n'hésitez pas à déléguer certaines fonctions qui ne sont pas de votre compétence, et prenez des risques réfléchis. Soyez très vigilant.

Forme. Votre organisme est dans les meilleures dispositions possible, prenez-en soin, et gardez la forme.

Décembre

Vous aurez à cœur de resserrer les liens familiaux, ainsi que d'accorder du temps à vos proches. Je vous sens en dépression passagère, due au manque de personnes chères à votre cœur, ou de non-dits pas encore formulés. Laissez le passé au passé ! Vous avancerez au jour le jour. Mais essayez de prévoir des fêtes de fin d'année joyeuses et heureuses ; cela vous apaisera.

Cœur. Des remous et des vagues dans le couple, c'est sûr. Mais une embellie notoire au moment de Noël vous comblera, et vous serez alors désireux de partager des moments de douceur et de tendresse avec l'être que vous aimez. Célibataire, vous aurez besoin d'être rassuré.

Carrière. Vous êtes surchargé et fier d'être débordé ! Une folie travailleuse s'emparera de vous jusqu'à vous faire frôler la crise nerveuse. Il est aisé de comprendre que vous cherchez à oublier les soucis ; je vous conseille de lâcher prise.

Forme. Ménagez-vous, si vous souhaitez profiter des fêtes de fin d'année sans être complètement épuisé.

Comment je ressens
LE LION

(23 JUILLET – 22 AOÛT)
SIGNE DE FEU – PLANÈTE GOUVERNANTE : SOLEIL

Vous êtes une personnalité haute en couleur, charismatique et volontaire. Je vous vois auréolé de ce don inné de l'organisation, pétri de sens critique et doté d'une détermination qui vous mène toujours sur les chemins de la réussite. D'apparence un peu froide et distante, vous avez pourtant un cœur en or, mais vous ne l'ouvrez pas au premier venu. L'estime d'un Lion se mérite au fil des années ! Vous êtes honnête et intègre, ambitieux et créatif, et vous faites en sorte de gagner l'estime de ceux qui vous plaisent, et de repousser les autres avec subtilité. Vous ne sortez les griffes qu'en cas de danger. Le reste du temps, vous jouez sur du velours.

Côté mode

Le Lion a le goût du luxe, du beau et des paillettes – il faut le savoir ! Pas de bijoux de pacotille, seulement de l'or et des diamants. La qualité prime toujours sur la quantité, et il préférera un vêtement d'un grand couturier à plusieurs de seconde main. Ce n'est pas par snobisme, mais par souci d'authenticité. Vous aimez les matières fluides et confortables, car vous souhaitez avant tout vous sentir à l'aise dans vos tenues. Véritable caméléon, vous brillez autant en smoking qu'avec un jean branché assorti d'un polo, oui, mais griffé « Ralph Lauren » ! La femme Lion osera des robes sulfureuses et des décolletés renversants, tout en conservant la majesté du signe et l'élégance naturelle qui la caractérise.

Autour de vous

L'environnement du Lion est à son image : grand standing, toujours ! Il aime les grands espaces, les lofts aux meubles design, les villas de plain-pied aux grandes baies vitrées. Plutôt sensible à l'art moderne et aux lignes épurées, l'espace n'est jamais encombré dans votre intérieur. Vous installez une bibliothèque par-ci, car vous adorez les livres, un canapé en cuir, un beau tapis et quelques bibelots ethniques par-là, et le tour est joué ! Vous êtes souvent un collectionneur avisé et un amateur d'art qui ne lésinera pas sur les acquisitions destinées à embellir son intérieur.

Bien-être

Les points faibles du Lion sont le cœur et les yeux. Ainsi, il est important pour vous de pratiquer des exercices cardiovasculaires régulièrement. Privilégiez la marche dès que vous le pouvez, et les joggings au grand air. Inscrivez-vous dans une salle de sport, et profitez de l'heure du déjeuner pour faire un peu de musculation ou pour suivre un cours de gym. Le soleil n'est pas votre meilleur ami, et il faut apprendre à vous en protéger : un chapeau, une casquette, des lunettes et une bonne crème de protection sont impérativement nécessaires à votre peau fragile. Si vous respectez ces règles simples, vous constaterez que les migraines dont vous souffrez régulièrement vont se dissiper peu à peu.

Amour

Le Lion est très exigeant en amour. Il ne supporte pas la médiocrité, les étreintes tièdes et les déclarations en demi-teinte. Votre énergie débordante et votre grande curiosité ont besoin d'être satisfaites en permanence. Aussi, vous êtes attiré par des personnalités originales, un peu décalées, exotiques et surprenantes. Très sensuel, vous tombez d'abord amoureux d'un physique, d'un regard qui vous émeut, d'un sourire énigmatique et d'un corps qui vous fait vibrer. Mais, comme vous avez besoin d'échanges intellectuels vivaces, vous ne vous contenterez pas, à long terme, d'une belle apparence. Attention : vous êtes un être fier ; mieux vaut ne pas trahir votre confiance !

Profession

Au travail, le Lion est un leader, quel que soit le poste qu'il occupe. Vous avez des idées ingénieuses, et même en tant que simple employé dans une administration, vous faites toujours mouche, par votre finesse d'esprit et votre conscience professionnelle. Votre attirance vous porte vers les métiers de recherche, de communication ou en rapport avec l'étranger : archéologue, bibliothécaire, inspecteur de police, traducteur, organisateur de voyages, sociologue.

Animal de compagnie

Un dalmatien, un bouledogue ou un labrador calmeront le lion dominateur. Les chats aux étirements répétés et lascifs raviront les natifs du signe. Qu'importe l'animal, du moment que le Lion reste le maître !

Lion célèbres

Barack Obama, Sean Penn, Serge Lama, Jennifer Lopez, Sylvie Vartan, Carole Bouquet, Marc Lavoine.

Pour séduire un Lion

Signe du soleil et du rayonnement absolu, le Lion est un esthète gourmand et généreux, au charisme envoûtant. Pour le contenter, il va vous falloir sortir le grand jeu !

VOTRE ANNÉE 2023

Ambiance générale

2023 va être une excellente année ! N'hésitez pas à oser et à provoquer la chance. Les Lion sont généralement pleins de confiance et d'ambition. Si, en revanche, vous avez déjà naturellement énormément confiance en vous, n'agissez pas à l'excès. Normalement, les planètes bien disposées envers vous comme garde-fous devraient veiller à ce que vos actions et vos comportements soient pondérés.

MOIS PAR MOIS

Janvier

Vous serez en très grande forme, avec un moral constant et une grande facilité relationnelle ; ce qui vous donnera des ailes pour décrocher un emploi ou parfaire votre situation professionnelle. Avec le sourire aux lèvres et un moral éclatant, vous voilà prêt à relever tous les défis ; et, avec une telle énergie, vous résisterez à toutes les intempéries. Pour ce qui est de votre vie privée, vous serez particulièrement séduisant.

Cœur. Je vous ressens généreux et attentionné, et vous comblerez vos proches de toute votre affection. Ce sera aussi le mois des rencontres et des nouvelles amitiés. Célibataire, votre charme ne laissera personne indifférent, alors vous papillonnerez au gré des sourires et des regards que vous croiserez.

Carrière. Votre excellent sens de la communication va servir vos ambitions ; vous ne dormirez pas sur vos lauriers et ne tiendrez pas en place ! Intrépide et enthousiaste, vous travaillerez d'arrache-pied à votre réussite.

Forme. Vous aurez tendance à profiter de la vie et à la brûler par les deux bouts. Ralentissez le programme des festivités !

Février

Les échanges seront fructueux dans tous les domaines. Attention, car vous serez emporté dans un tourbillon d'émotions positives ; ce qui pourra vous inciter à dépasser vos limites. Gardez les pieds sur terre, et n'oubliez ni de manger ni de dormir pour rester performant. Au moindre signe de fatigue, prenez des vitamines, et ne laissez pas traîner un symptôme persistant sans aller consulter.

Cœur. En couple, la communication sera plus difficile, car vous aurez envie de liberté et d'indépendance, de papillonner et de tester votre séduction. Les célibataires verront leurs rêves se réaliser, ce sera le moment de conclure une relation amoureuse et de céder à la passion.

Carrière. Malgré quelques conflits imputables à votre fougue, rien ni personne ne pourra vous arrêter dans votre ascension fulgurante vers le succès. Restez modeste, et ne faites confiance qu'à vous-même.

Forme. Vous devriez être plus à l'écoute de votre corps, dont les signaux d'alarme seront les garants d'une belle vitalité.

Mars

Une décision importante sera à prendre ; vous aurez de belles opportunités professionnelles à saisir. La nouveauté vous attire, et, si vous cherchez un emploi, ciblez bien vos besoins et foncez ! Vous poursuivrez vos efforts en assumant vos responsabilités. Parce que votre couple et votre famille seront au centre de vos préoccupations, vous serez au cœur de querelles, et l'on vous demandera de régler les tensions.

Cœur. Les amis sont essentiels, et vous saurez leur faire la part belle, sans négliger votre partenaire pour autant ; mais attention à ne pas devenir exigeant et possessif. Célibataire, si vous êtes encore seul, ce n'est plus pour longtemps, car vous allez déployer beaucoup de charme et attirer tous les regards.

Carrière. Des rentrées d'argent inattendues sont à prévoir, tout comme des dépenses de dernière minute ; alors il va falloir bien gérer votre budget, mais je vois une très belle période à venir.

Forme. Les sports collectifs, les randonnées dans la nature ne peuvent que vous être bénéfiques, mais attention de bien gérer votre activité physique.

Avril

Durant ce mois, vous pourrez relancer votre carrière ou changer de voie, en acceptant une proposition très intéressante qui mettra en valeur vos qualités et vos compétences. Cela pourrait occasionner un changement de lieu de travail ou une ouverture vers l'étranger, mais n'hésitez pas ! Optimiste et dynamique, l'année s'avance sous le signe de la forme, de la santé et des grandes réussites.

Cœur. En couple, une douce complicité vous permettra de vous épanouir et de réaliser vos désirs les plus fous. Mais, attention, votre séduction fera des adeptes. Pour les célibataires, ce sera le moment de sortir et d'élargir votre relationnel, afin d'établir de nouveaux contacts.

Carrière. À vous de retourner la situation à votre avantage, et d'être opportuniste pour saisir les propositions. Je vois des rentrées d'argent imprévues qui vont vous ravir.

Forme. Vous affichez un bon dynamisme, qui vous confère de la joie de vivre et de la bonne humeur.

Mai

Avec un relationnel riche et nouveau, vous pouvez espérer de belles rencontres amoureuses, ainsi que des associations professionnelles où la créativité sera de mise. Le mois va être chargé en émotions, alors préparez-vous à vibrer et à ressentir des moments intenses qui vont vous faire rêver, sans pour autant vous projeter dans l'avenir. Un seul conseil : ne faites pas feu de tout bois, réfléchissez et relativisez !

Cœur. Célibataire, n'attendez pas le coup de foudre durant cette période, le courant ne passera pas avec les personnes que vous rencontrerez. En couple, vous serez déstabilisé, car votre partenaire se montrera quelque peu indifférent à votre égard. Bref, le quotidien ne sera pas facile à gérer.

Carrière. Même si les enjeux sont importants, ne vous laissez pas emporter par un enthousiasme délirant. Ce sera plutôt le moment de mettre en place vos grandes idées et de prendre des risques réfléchis.

Forme. Comme vous souhaiterez reprendre le sport, ne vous en privez pas, car ce sera le meilleur moyen d'être bien dans votre corps.

Juin

Tantôt excentrique, tantôt timide, vous douterez sans arrêt de vos capacités. Bref, je vous ressens comme une vraie girouette qui ne sait pas ce qu'elle veut, mais qui affiche un excellent moral et un enthousiasme généreux ! Vous multipliez les sorties et les nuits blanches. Modérez un peu vos excès et vos activités sportives, car votre dos pourrait souffrir de vos exploits.

Cœur. Les célibataires devront faire un choix et ne pas s'engager dans des relations qui ne font pas du bien, par peur de la solitude. Soyez plus réaliste et moins idéaliste. Comme vous aurez beaucoup de charme, vous serez très sollicité, mais ce n'est pas une raison pour succomber.

Carrière. Vous aurez plein de bonnes idées, que vous réussirez à mettre en place sans trop d'efforts, et votre audace comme votre imagination feront l'unanimité autour de vous.

Forme. Vous allez ressentir l'envie d'être proche de la nature. Suivez votre corps et votre cœur avec prudence !

Juillet-août

Le travail rimera avec trouvailles, et vous poursuivrez vos rêves sans relâche et sans fatigue, pour réaliser au mieux vos ambitions. De nouvelles responsabilités vont se présenter, et vous les accueillerez avec le sourire, comme une récompense après tant d'efforts fournis. Mais, comme vous mettrez tous les atouts de votre côté pour arriver à vos fins, vous manquerez de souplesse de caractère.

Cœur. En couple, je vous vois en corps-à-corps et à l'unisson sous le soleil. Qu'importe la destination, pourvu qu'elle soit exotique. Vous partagerez des moments intenses à la découverte de nouvelles cultures, et votre complicité s'en trouvera renforcée. Célibataire, de belles opportunités amoureuses !

Carrière. Un conseil : modérez votre fougue, pour ne pas heurter les personnes sensibles ! Les rapports de force seront fréquents avec vos collègues et vos supérieurs. Ne vous mettez pas tout le monde à dos, par souci de perfection.

Forme. C'est le moment de faire une pause et de vous détendre. Profitez de l'été pour faire une cure de sommeil entre deux excursions.

Septembre

Les conciliations ne se feront pas sans frictions, mais vous en sortirez grandi. Qu'importe ce que l'on pensera, vous continuerez la bataille, avec de l'énergie à revendre. Le sport sera votre meilleur allié pour vous défouler, évacuer les tensions et calmer votre fougue. Vous repousserez vos limites en pratiquant des activités à risque où la décharge d'adrénaline vous donnera la sensation d'être en vie. Attention à ne pas trop vous étourdir.

Cœur. En couple, vous déborderez d'imagination et d'attentions inédites ; vous ne supporterez plus la routine, et vous le ferez savoir. Vous avez une haute idée du couple et de la vie à deux ; vous ne supportez pas de vous ennuyer. Célibataire, vous préférerez être seul que mal accompagné.

Carrière. Un conseil : soyez patient et ne bouleversez pas les repères en une semaine. On vous écoute, car votre intégrité est légendaire, mais vos propositions sont encore trop avant-gardistes pour être mises en œuvre.

Forme. L'excès de stress peut vous amener à la révolution que vous souhaitez, mais il peut également affaiblir votre constitution. Adonnez-vous au sport !

Octobre

Ne vous laissez pas happer par vos ambitions démesurées, et n'hésitez pas à vous entourer de personnes motivées pour mener à bien vos projets. Votre sens de l'organisation vous permet de gérer parfaitement une équipe. Vous irez de l'avant, sans jamais vous retourner. Je vous ressens enthousiaste et déterminé dans vos choix et vos envies ; et, si l'on se met en travers de votre chemin, vous saurez vous débarrasser des importuns.

Cœur. Ne prenez pas de décisions hâtives, que vous pourriez regretter par la suite. Toujours votre tempérament de feu qui ne supporte pas la tiédeur d'une relation dans laquelle vous n'arrivez pas à vous épanouir. Mais l'amour ne se vit pas toujours sur des montagnes russes !

Carrière. Si vous êtes dans une période de transition, à la recherche d'un logement ou sur le point d'acquérir un bien immobilier, vous avez une chance insolente dans ce domaine, et vous pourrez conclure de belles affaires.

Forme. Vous serez d'humeur nerveuse, mais je vous conseille d'écouter votre corps.

Novembre

Ne laissez pas les doutes s'installer au fond de votre cœur, car vous avez entre les doigts toutes les ficelles pour en sortir vainqueur. Accueillez cette période de chance et d'espérance pour réaliser tous vos désirs. Un conseil : soyez vif, entreprenant et positif, et votre vie prendra un autre tournant. Vous allez explorer de nouvelles activités pour canaliser votre énergie et améliorer vos compétences avec succès.

Cœur. La routine qui s'est installée ne comble pas votre désir d'amour passionné ; et, malgré vos reproches, rien ne change. Regardez la situation avec lucidité : vous hésitez entre rompre et rester. Les célibataires n'auront pas de souci à se faire côté sensualité, la séduction sera à son comble !

Carrière. Gardez la tête haute, et montrez aux autres ce que vous savez faire. Sans vous démotiver dans la mise en valeur de vos créations, à part une nervosité sous-jacente due à la fatigue, vous serez capable des plus belles réalisations.

Forme. Votre tonus est à la hausse, tout comme votre condition physique qui vous permet de vous dépasser dans le sport.

Décembre

Soyez sur vos gardes : à vous de savoir vers quoi et avec qui vous souhaitez démarrer l'année suivante ! L'année se terminera en apothéose, avec un véritable plébiscite de vos collaborateurs, comme de vos supérieurs. Vous serez très à l'aise avec les autres, cela vous permettra de vous ouvrir vers l'extérieur avec de réelles possibilités de développer un travail à l'étranger ou de créer de nouvelles relations dans le privé. Vous serez amené à diversifier vos activités

Cœur. En couple, rien ne va plus, car vous faites de l'ombre à la personne que vous aimez. Essayez de l'impliquer dans vos projets et de la présenter à vos amis pour adoucir sa jalousie. Attention : un coup de foudre pourrait tout changer !

Carrière. Je vous vois battant et rigoureux, et vous avancerez dans une seule direction, fort de vos convictions et de vos qualités de persuasion. C'est la tête haute et le cœur vaillant que vous pourrez fêter cette fin d'année florissante.

Forme. D'une forme exemplaire, vous serez bien dans votre peau et dans votre tête, en cette période de fêtes.

Comment je ressens LA VIERGE

(23 AOÛT – 22 SEPTEMBRE)
SIGNE DE TERRE – PLANÈTE GOUVERNANTE : MERCURE

Vous êtes sage et discret en apparence ; on ne vous remarque pas immédiatement, et pourtant, vous gagnez tant à être connu. Vous êtes souvent tiraillé entre votre sens du devoir et de la famille – qui peut aller jusqu'au dévouement – et l'envie de vivre des aventures hors du commun et des sensations fortes. Aussi, je vous ressens comme une personne fidèle, honnête et dévouée, qui compte ses amis sur les doigts d'une seule main, car vous n'accordez pas votre confiance au premier venu. L'estime d'une Vierge se mérite, mais, quand on l'a, c'est pour la vie ! Il est vrai que la raison prime trop souvent sur vos sentiments, et que l'on peut parfois vous reprocher une certaine lâcheté face à l'inconnu, alors que la folie, l'exubérance et l'extravagance vous attirent en secret.

Côté mode

La femme Vierge se reconnaît à son apparence impeccable et à son style très soigné. Si elle est attirée par la mode, elle portera de très beaux vêtements, mais avec simplicité. Ni provocatrice ni flambeuse, sa classe naturelle se révèle dans la sobriété. Pas de bijoux fantaisie ni de couleurs bariolées, pas de jupes trop courtes ou de décolletés vertigineux, on retrouve fréquemment dans ce signe un désintéressement vestimentaire qui se soldera par une tenue pratique et confortable. On retrouve également chez l'homme Vierge l'élégance et la distinction propres à ce signe ; c'est sa carte de visite et le reflet de sa personnalité.

Autour de vous

Chez vous, l'espace est toujours très bien aménagé, avec des astuces de rangement qui font que rien ne dépasse. On va remarquer la télé fixée au mur, les livres alignés dans une bibliothèque savamment conçue, une cuisine à l'américaine bien éclairée. La Vierge a l'art de tenir son intérieur et de marier avec goût les couleurs, les tissus et les matières. Votre couleur dominante est le blanc, et l'on retrouve un dépouillement dans la décoration, avec juste l'essentiel, qui est savamment mis en valeur : un canapé, un beau tapis, une table basse et deux tableaux accrochés au mur. Et, surtout, tout est à sa place ! Bien rangé et d'une propreté irréprochable, quel que soit le style !

Bien-être

Vous avez une santé à toute épreuve, grâce à une très bonne constitution et au fait que vous ne vous écoutez pas. Il est rare d'entendre une Vierge se plaindre ou de la voir consulter un médecin. C'est dans sa nature ! Vos points sensibles restent les intestins, ainsi que vos nerfs qui sont souvent soumis à rude épreuve, du fait que vous n'extériorisez pas assez vos émotions et que vous avez tendance à prendre sur vous en toutes circonstances. Apprenez à verbaliser un peu plus ce qui vous contrarie, et votre corps vous en sera reconnaissant.

Amour

Bien sûr, votre personnalité vous prédispose à des amours plutôt tranquilles, voire tièdes, fondées sur des valeurs morales et la construction d'une famille. Mais vous cachez bien votre jeu, ami Vierge, car vous pouvez céder à des passions dévorantes et tumultueuses dans le plus grand secret, à condition de ne pas menacer votre équilibre familial. Là est le paradoxe ! Entre vos principes et vos fantasmes, votre cœur balance. D'où une certaine frustration, même dans le couple, car vous n'osez pas vous aventurer hors des sentiers battus.

Profession

Perfectionniste, vous avez le sens du travail bien fait, et vous savez vous entourer de collaborateurs efficaces qui vous estiment et vous respectent. Toutes les professions qui demandent de la rigueur et de la créativité vous permettront de vous épanouir. Ainsi, vous serez un très bon architecte, un inspecteur de police scrupuleux ou un professeur de mathématiques compétent et à l'écoute de ses élèves. La Vierge est très sensible également à toutes les causes humanitaires ; et de nombreux représentants de ce signe se dévouent au sein d'associations bénévoles dans la plus parfaite discrétion.

Votre animal de compagnie

Un chien propre et résistant – tel que le yorkshire, le caniche ou le chow-chow – sera le bienvenu, et tout autre animal qui aime la vie en extérieur. Mais pas de chien bavant ou qui perd ses poils ! Évidemment, le chat qui se toilette régulièrement répond positivement à la propreté maniaque de la Vierge.

Vierge célèbres

Cameron Diaz, Michel Drucker, Richard Gere, Lou Doillon, Salma Hayek, Laurent Delahousse, Blake Lively.

Pour séduire une Vierge

Qu'elle soit sage ou qu'elle soit folle, la Vierge séduit par son élégance discrète, sa sobriété naturelle, son tact et sa diplomatie. Faites preuve de beaucoup de délicatesse, et soyez aux petits soins, si vous désirez la charmer.

VOTRE ANNÉE 2023

Ambiance générale

Les planètes vous aident à vous affirmer et à prendre des responsabilités que vous n'auriez pas osé imaginer il y a quelques années encore. N'hésitez pas à oser entreprendre et à vous mettre en avant, surtout en deuxième partie d'année. Vos meilleurs soutiens planétaires du moment pourront vous aider à accroître votre intuition, et vous rendre encore plus proche des gens. Mettez de côté vos raisonnements rationnels et votre cérébralité, et laissez parler votre cœur, votre générosité.

MOIS PAR MOIS

Janvier

Le mois s'annonce prometteur en cadeaux de toutes sortes. Vous bénéficierez d'une forme irréprochable, et d'un mental au summum de son activité. Bien sûr, vous pourrez attraper une grippe ou passer par une courte phase d'insomnie, mais votre santé de base restera solide. Et vous serez brillant au travail, un peu tatillon à la maison, mais au top de vos capacités.

Cœur. Gardez votre calme, et tout rentrera dans l'ordre. Vous pourrez vous sentir délaissé par votre partenaire, mais ce ne sera qu'une impression qu'il ne faudra pas entretenir. Célibataire, vous aurez l'occasion de rencontrer une belle personne à la fin du mois, mais encore faut-il que vous sortiez de chez vous.

Carrière. Casser la routine n'est pas mauvais en soi, et cela vous aidera à progresser. Vous avez de l'or dans les mains et de la joie au cœur ; ce qui devrait servir vos aspirations.

Forme. Vous aurez un dynamisme époustouflant et un moral d'acier qui vous offriront la possibilité de vous surpasser.

Février

Plein de bonnes résolutions, vous remettrez de l'ordre dans votre quotidien, avec la vivacité d'esprit qui vous caractérise. Votre forme sera excellente, mais votre moral sera en dents de scie, en fonction des événements de la journée. Vous serez mordant, si vos interlocuteurs ne se rangent pas à vos côtés. Vous aurez besoin de décompresser en changeant de cadre, le temps d'un week-end, ou en vous adonnant aux joies d'une activité ludique et relaxante.

Cœur. Célibataire, vous serez exigeant dans vos recherches et ne craquerez pas facilement, même devant une personne séduisante !

En couple, vous voudrez régenter la vie de votre partenaire ; ce qui aura pour effet de provoquer quelques crises. Soyez plus souple.

Carrière. Je vous vois avancer sur vos acquis sans prendre de risques inutiles, car vos affaires suivront un rythme de croisière particulièrement optimal. Cependant, vous serez préoccupé par vos finances.

Forme. Rien ne pourra altérer votre dynamisme, mais ne négligez pas le sport, car il vous apportera beaucoup de satisfactions.

Mars

Vous êtes trop dépensier, et les questions d'argent sont la source de conflits. À l'inverse de l'état de vos finances, votre vie professionnelle ne vous causera aucun souci. Vos idées sont excellentes, il ne vous manque que l'art et la manière pour arriver à vos fins ; alors soyez diplomate, et souriez pour séduire vos interlocuteurs et les convaincre.

Cœur. L'heure de la conciliation a sonné ! L'harmonie va revenir dans votre foyer. Pour les célibataires, c'est le calme plat, mais vous aurez de grandes chances de faire une rencontre le mois prochain, soyez patients.

Carrière. Vous devrez trouver une solution efficace pour redresser vos finances et rembourser vos prêts. Cela ne peut pas attendre, et vous devez continuer à vous serrer la ceinture.

Forme. Prenez soin de vous, et ne vous isolez pas. Reprenez-vous, avant d'en faire les frais.

Avril

Votre univers professionnel va s'élargir ainsi que votre relationnel, et vous pourrez prendre la tête d'un projet. Votre courage et votre détermination seront deux facteurs gagnants.

La communication sera à l'honneur, et vous allez sortir de votre coquille pour exprimer vos idées et vos revendications. Attention aux règlements de comptes – au travail ou en famille !

Cœur. Célibataire, vous jouerez de votre séduction, et les rencontres vont déboucher sur des aventures très sensuelles. Le moment venu, vous pourrez être subjugué par une rencontre qui évoluera en passion amoureuse. En couple, votre bonne humeur sera communicative.

Carrière. Je vous vois de grandes chances de réussite, qu'il sera important de ne pas laisser passer. C'est le moment de récolter les fruits de vos efforts, et de vous lancer dans les projets.

Forme. Une certaine lassitude, accompagnée d'une fatigue intellectuelle et nerveuse, ralentira vos activités. Ne vous laissez pas aller pour autant.

Mai

Affirmez vos idées, relancez des projets et entretenez votre relationnel pour que l'on ne vous oublie pas, si une place est à prendre. La tension nerveuse va s'apaiser, et vous allez retrouver un équilibre nécessaire à votre épanouissement. Dans le domaine privé, vous ne vous énerverez plus pour des broutilles, votre énergie sera mieux canalisée ; ce qui vous ouvrira de nouveaux horizons.

Cœur. La vie de couple redevient passionnée et forte en émotions. Vous pourriez même prévoir de passer un week-end en amoureux pour vivre de manière plus intense votre relation. Célibataire, amusez-vous, sortez et diversifiez vos centres d'intérêt pour sortir de la solitude.

Carrière. Vous serez détendu, tout en restant concentré sur vos objectifs, et vous pourrez bien mieux vous adapter aux changements et aux imprévus. Je vois de belles propositions à saisir immédiatement.

Forme. Restez à l'écoute de votre corps, et apprenez à lui faire du bien. Limitez les excès et, surtout, faites un peu de sport tous les jours.

Juin

Votre tempérament exalté se mettra au service d'une grande cause, et vous prendrez position dans votre entreprise avec talent. Vous êtes envahi par la joie et la bonne humeur, ce qui vous garantit un mois riche en émotions. L'amour – le grand, le vrai – va occuper une grande place dans votre vie ! Vous retrouverez une belle énergie pour imposer vos idées.

Cœur. Emporté par les plaisirs de la chair, sans pour autant négliger les sentiments, en couple, la tendresse sera reine. Célibataire, les aventures seront fréquentes et passionnelles, mais, si l'une d'elles fait battre votre cœur, vous pourriez même vous engager sérieusement.

Carrière. Il y aura des hauts et des bas, car la tension nerveuse de ces derniers temps va se relâcher subitement. Cela vous portera à la réflexion plus qu'à l'action. Essayez, malgré tout, de maintenir un rythme de travail optimal.

Forme. Vous profitez des joies du plein air avec vos amis, et vous voilà disposé à faire marcher vos articulations !

Juillet-août

En vacances, en apparence, vous serez serein, mais à l'intérieur le mal-être dominera sans trop que vous sachiez pourquoi. Adonnez-vous au sport, et faites-vous plaisir. Cet été, vous roucoulerez plus que vous ne travaillerez, mais vous pourrez compter sur l'avis précieux de personnes influentes qui vous aideront à progresser dans votre travail. Ainsi, vos ambitions personnelles et professionnelles seront comblées.

Cœur. En couple, vous ne serez pas toujours d'accord sur votre train de vie, l'éducation des enfants et même la destination des vacances ; tout sera source de conflits. Respirez, soufflez ! Je ressens que la situation est loin d'être catastrophique, et vous trouverez un terrain d'entente loin de votre foyer.

Carrière. L'ambiance sera plutôt tranquille au bureau, et l'oisiveté sera de rigueur ; alors ne faites pas de zèle inutilement. Cherchez des activités, à côté, pour sortir de la routine et vous distraire.

Forme. Tantôt votre énergie peut abattre des montagnes, tantôt la déprime vous gagne, et vous broyez du noir. Je sens que la relaxation pourra vous aider.

Septembre

Vous avez vraiment soif de culture et de rencontres nouvelles pour vous enrichir intellectuellement. Et, comme vous bouillonnerez d'idées nouvelles, tout en étant insatisfait de votre qualité de vie, je ressens votre moral en dents de scie. Un sport collectif vous aidera à vous refaire une santé, tout en vous donnant l'occasion de rencontrer de nouvelles personnes.

Cœur. Les célibataires trouveront du réconfort auprès des amis, tout en multipliant les sorties culturelles. Une rencontre déterminante, en rapport avec l'étranger, peut transformer votre vie ; et vous pourriez déménager sur un coup de tête pour un être aimé. En couple, prenez du recul pour faire le point.

Carrière. Vous allez accepter des déplacements professionnels qui pourraient déboucher sur de belles opportunités. Ayez confiance en vos capacités, et développez au maximum votre créativité par l'élaboration d'un projet original.

Forme. Passé l'euphorie de l'été, vous êtes désemparé à l'idée d'affronter la rentrée. Sortez pour décompresser !

Octobre

Pensez à consolider vos acquis, et préparez l'avenir avec confiance, car la chance est à vos côtés. Votre vie va se transformer positivement, et vous pourrez désormais l'envisager sous de meilleurs auspices. La belle énergie qui vous anime rend les

choses plus faciles et vous offre la possibilité d'élargir votre champ d'action. Votre vie prendra un nouvel élan, dans tous les domaines. Ayez confiance en l'avenir.

Cœur. Tout s'arrange, si vous êtes en couple ! Enthousiaste et généreux, vous regardez votre partenaire d'un œil nouveau ; ce qui redonnera un second souffle à votre union. Si vous n'avez pas encore trouvé la perle rare, vous aurez toutes les chances de la rencontrer ce mois-ci.

Carrière. Misez sur vos compétences, sans être déstabilisé par la jalousie de certains qui convoitaient ce poste. Si vous avez envie de changer de voie ou de démarrer une nouvelle activité, n'hésitez pas à franchir le pas.

Forme. Même si vous rencontrez des difficultés à gérer vos émotions et que vous subissez des hauts et des bas, rien ne pourra altérer votre dynamisme.

Novembre

Comme vous êtes très préoccupé par votre réussite professionnelle et par le fait de gravir des échelons, vous êtes trop autoritaire à la maison ; ce qui crée des tensions. Le succès est à vos pieds et, bien que vous l'ayez mérité, il vous monte à la tête. Soyez plus à l'écoute des désirs de votre partenaire, et redescendez sur terre. Régir votre vie privée comme votre société, vous avez tout faux ! Ça ne se passe pas de cette manière.

Cœur. Je vous conseille un peu de tolérance et d'indulgence. La bonne santé d'un couple n'est pas chose aisée, il faut la préserver. Vous n'êtes pas sur la même longueur d'onde que votre partenaire, et pourtant vous l'aimez. Redressez la barre. L'amour est un voyage à envisager à deux !

Carrière. Comme rien ne vous arrête dans votre quête du pouvoir, vous briserez avec plaisir la monotonie ambiante, et vous vous inscrirez dans une démarche novatrice et inédite, qui surprendra vos collaborateurs.

Forme. Votre organisme bat des records de résistance. Cela vous permet de canaliser votre énergie et de faire des étincelles.

Décembre

Le mot *échec* est à bannir de votre vocabulaire, rien ni personne ne vous résistera, et vous rentrerez par les fenêtres si les portes sont fermées. Vous serez doté d'une formidable énergie, qui vous permettra de réaliser toutes vos envies. À vous la grande vie, en décembre ! Vous attaquerez le mois comme un marathon, et vous serez toujours là où l'on ne vous attend pas, débordant de joie de vivre et d'enthousiasme, prêt à surmonter tous les obstacles.

Cœur. Je vous vois partager des idées et plein de folie amoureuse. Vous voilà comblé en cette fin d'année, et vos sens sont exaltés ! Célibataire, votre pouvoir de séduction fera recette. Irrésistible, drôle et spirituel, vous n'aurez aucun mal à trouver un partenaire.

Carrière. Votre ambition sera encore plus féroce qu'à l'accoutumée, et vous aurez envie de grimper les échelons à la vitesse de la lumière, quitte à en oublier les bonnes manières. Attention de ne pas dégringoler, restez lucide.

Forme. Bonne forme générale, buvez beaucoup d'eau, sans modération, et vous jouerez les gais lurons pour le réveillon.

Comment je ressens

LA BALANCE

(23 SEPTEMBRE – 22 OCTOBRE)
SIGNE D'AIR – PLANÈTE GOUVERNANTE : VÉNUS

Vous avez une personnalité complexe, qu'il est difficile de repérer au premier abord – autant dire que vous cachez bien votre jeu. Je vous vois, sous une apparence extravertie, souriante et bon enfant, un éternel enfant qui a besoin de reconnaissance et d'affection. Et, pour masquer ce manque d'assurance, vous êtes souvent dans les excès, et vous pouvez tomber facilement dans toutes sortes de dépendances. À trop vouloir plaire, vous attirez des personnes superficielles qui ne vous correspondent pas vraiment. Profondément marqué par un sens aigu de la justice, un penchant à défendre la veuve et l'orphelin et une haute idée de l'amour, très brillant intellectuellement, vous vous réalisez avec brio au travers d'une activité professionnelle, politique ou associative engagée et militante.

Côté mode

Ce qui vous intéresse, c'est qu'on vous remarque ! D'où, parfois, certaines fautes de goût ou des tenues exubérantes et un peu trop sexy, qui ont l'avantage de ne pas passer inaperçues, pour la femme Balance qui se soucie peu de la marque de ses vêtements. L'homme Balance ne se soucie pas plus de marier les couleurs, et pourrait même frôler le ridicule tant il est loin des considérations vestimentaires. Vous êtes plutôt marqué par une attitude provocatrice, qui cache un besoin d'amour éperdu.

Autour de vous

La Balance a l'art de créer une ambiance chaleureuse, propice à recevoir ses amis. D'ailleurs, votre porte est ouverte jour et nuit… Nul besoin de prévenir, vous accueillez toujours avec le sourire, et votre intérieur se révèle haut en couleur, avec beaucoup d'objets ethniques, des tableaux, des photos, une bibliothèque énorme – aussi importante que la vidéothèque ou la collection de musique. Rien n'est vraiment à sa place, car vous ne cultivez pas la maniaquerie de l'ordre et du rangement. Vous aimez avant tout ce qui vit, ce qui bouge et ce qui vous connecte à l'humanité tout entière.

Bien-être

Vous avez une très bonne santé, tant que vous êtes heureux ! Le bonheur est votre élixir de jeunesse ; et l'amour, votre baromètre. Ainsi, les pathologies liées à votre signe sont en rapport direct avec votre moral. Les reins restent une partie fragile, ainsi que tout le système digestif. Comme vous avez une tendance prononcée à la gourmandise et que vos mets de prédilection sont souvent épicés et pimentés, vous en subissez parfois les conséquences.

Amour

Sous l'influence directe de Vénus – la planète de l'amour –, votre vie amoureuse est, en général, assez tumultueuse, car vous mettez longtemps à trouver la perle rare. Avec beaucoup d'expérience en la matière, sans cesse à la recherche de nouvelles sensations qui vous emmènent sur les chemins de l'ivresse, assez infidèle par nature tant que vous n'avez pas trouvé votre moitié, vous pouvez vous transformer en ascète après le mariage.

Profession

Vous allez, tout naturellement, vers les professions qui font appel à votre grand sens relationnel. Votre besoin de valorisation, tout comme cette envie profonde de vous sentir utile, vous pousse vers des métiers à vocation sociale, comme l'enseignement, la justice, la médecine ou l'humanitaire. À moins que l'engagement en politique devienne votre chemin ; et vous pourrez alors passer le reste de votre vie à défendre vos idées !

Animal de compagnie

Un chien gai, joyeux, facilement adaptable comme le boxer, l'épagneul breton, mais aussi un animal à poils longs, tel que le colley ou le setter irlandais, et l'adorable bichon. Sans oublier le chat paresseux, complice de la Balance.

Balance célèbres

Ingrid Chauvin, Isabelle Gélinas, Marion Cotillard, Brigitte Bardot, M. Pokora, Michael Douglas, Cyril Hanouna, Patrick Fiori.

Pour séduire une Balance

Sous le signe de la fête et de la rigolade, il faut vous méfier des apparences, car ce personnage extraverti cache une sensibilité à fleur de peau, qu'il compense par une séduction provocante. Soyez en phase avec son intimité, et vous remporterez tous les suffrages.

VOTRE ANNÉE 2023

Ambiance générale

Une relation que vous aviez prise à la légère – ou pour une simple amourette de vacances – pourrait prendre un tournant plus passionné, avec tous les ingrédients de la jalousie et de l'angoisse. Si vous êtes en couple, profitez bien de l'été pour consolider votre relation, car, dès la rentrée, il peut y avoir de nombreuses turbulences dans vos affaires de cœur, avec des suspicions et de la jalousie qui peuvent conduire à un break.

MOIS PAR MOIS

Janvier

Vous devrez absolument utiliser vos atouts et votre énergie pour aller vers des projets qui vous correspondent, et ne jamais vous décourager – ce sera la clé de votre succès. Comme vous êtes combatif et résolu à ne plus vous laisser abuser par des personnes scrupuleuses qui font passer leur profit avant le vôtre, vous arriverez à vous dépasser et à vous faire respecter. Ne vous laissez pas envahir par les doutes, foncez !

Cœur. Selon les jours, vos amours seront rythmées au gré de vos humeurs. Dans le couple, vous pourrez alterner la sensualité débridée et l'indifférence totale vis-à-vis de l'être aimé. Pensez, malgré tout, à ne pas faire porter à votre partenaire le poids de vos angoisses.

Carrière. Préparez-vous à une offensive, pour ne pas rester sans voix devant des hommes d'affaires intraitables et de mauvaise foi. Préparez vos arrières, et ne vous laissez pas faire. Je vous vois dans une situation financière plutôt prospère.

Forme. Vous pourrez vous offrir le luxe d'un week-end de détente à la fin du mois, pour vous récompenser de vos exploits.

Février

Dans ce climat de stress à haute dose, un seul remède : le lâcher-prise ! Si vous n'arrivez pas à contrôler les émotions négatives qui vous assaillent, débranchez tout, et prenez du temps pour vous. Dressez une liste des choses qui vous font plaisir, et mettez-les en application. Comme vous n'aurez pas envie d'aller vers les autres, et que le combat vous semblera perdu d'avance, vous pourrez passer à côté de bonnes opportunités. Ce serait dommage d'en arriver là. Reprenez-vous, et relativisez !

Cœur. La vie vous paraîtra insipide, et vous devrez faire de gros efforts pour ne pas décourager votre partenaire. Je vous sens d'une humeur massacrante, et la personne à vos côtés va en subir les conséquences. Attention à votre comportement ! Célibataire, vous serez casanier ; réagissez.

Carrière. Il faudra vous défendre de tout voir en noir. Vous ne regardez pas votre situation avec objectivité, vous ne voyez que les mauvais côtés. Et, pourtant, vous avez du courage à revendre et de bonnes idées à exploiter.

Forme. Petite dépression saisonnière. Puisez, dans l'alimentation, les vitamines, minéraux et oligo-éléments dont vous avez besoin.

Mars

Votre créativité s'exprime au travers de vos projets ; je vous sens avec plus de rigueur et un souci de perfection. Vos finances vont s'en ressentir de manière positive, et vous envisagerez d'investir. Et, comme vous serez au maximum de votre séduction et saurez convaincre vos interlocuteurs aisément, avec un sens inné du relationnel, ce mois sera excellent. Ça va beaucoup mieux.

Cœur. Célibataire, vous aurez de l'audace, alors mettez à profit vos meilleurs atouts pour séduire celui ou celle qui vous plaît. Votre charme n'a rien perdu de sa superbe, mais vous mettrez beaucoup plus d'énergie dans le travail que dans vos amours. Essayez de trouver l'équilibre !

Carrière. Vous pourrez améliorer vos fins de mois par des activités parallèles, mais cela demandera une surcharge de travail qui vous pèsera. Mais vous aurez beaucoup de succès et de grandes chances de réussite.

Forme. Vous serez au top de votre forme, et vous compterez bien le rester. Bien dans votre corps, bien dans votre tête.

Avril

Vous êtes sur la voie du succès, et votre vie professionnelle va s'accélérer tellement vite que vous aurez du mal à gérer les nombreux bouleversements qui arrivent. De bonnes énergies vont vous redonner des forces et de la motivation pour que votre carrière évolue. On vous fera de nombreuses propositions, qui changeront sensiblement votre planning. Je vous conseille, en amour, de ne pas prendre vos mirages pour la réalité.

Cœur. En couple, vous devrez gérer les hauts et les bas. Une tendance au pessimisme pourra gâter votre relation ; vous serez déstabilisé. Célibataire, soyez très prudent lors de nouvelles rencontres qui pourraient vous paraître follement romantiques, mais dont les conséquences seront plutôt catastrophiques.

Carrière. Gardez votre calme, et établissez des priorités pour répondre au mieux à la demande ; ainsi, votre travail sera soigné et apprécié de vos supérieurs. Et ne vous engagez pas précipitamment par simple enthousiasme.

Forme. Vous alternerez les crises de rire et les crises de larmes ; ce qui vous déstabilisera de l'intérieur. Un mois difficile !

Mai

Dans le travail, vous assumerez seul vos responsabilités ; et, dans votre vie privée, vous ne tiendrez pas compte des envies des autres. Ce petit jeu est dangereux pour vous et peut avoir des conséquences fâcheuses. Vos bonnes résolutions du début d'année et votre sacro-sainte ligne de conduite à respecter se sont un peu envolées. À vous enfermer dans une bulle, vous fermerez toute possibilité d'amélioration de la situation actuelle.

Cœur. L'ambiance ne sera pas bonne du tout ! Vous serez particulièrement susceptible et irritable, tout sera mal interprété et prêtera à confusion. Seule une discussion franche et sincère pourra rétablir l'équilibre. Célibataire, vous ne tiendrez pas en place, et vous risquez de faire une rencontre capitale.

Carrière. Il va vous falloir beaucoup de courage et de détermination pour réussir à concrétiser vos projets ; cela ne se fera pas tout seul. Et vous devrez faire face à des complications de dernière minute.

Forme. Une belle énergie vous portera et vous dynamisera, dans tous les secteurs de votre vie. La méditation aura également de grands bienfaits.

Juin

C'est le moment de faire marcher votre relationnel pour vous assurer une stabilité professionnelle. Vous affichez une très belle apparence que vous mettez au service de la performance, ce qui est bien, mais votre défaut sera de dépasser les limites de la correction pour obtenir ce que vous souhaiterez, ou de refuser ce qui ne vous conviendra pas. Essayez de trouver l'équilibre par une attitude tempérée. Mais il est vrai que vous aurez du punch et une belle détermination.

Cœur. Un ancien amour pourrait réapparaître. Prenez du recul pour ne pas souffrir en couple, d'autant plus que vous serez exigeant avec votre partenaire et pointilleux dans le quotidien. Célibataire, vous serez difficile à séduire, et personne ne trouvera grâce à vos yeux.

Carrière. Seules des prétentions trop élevées pourraient vous faire perdre des affaires ; alors adoptez une attitude pleine de souplesse, de diplomatie, avec un peu de stratégie, et vous pourrez obtenir ce que vous voulez.

Forme. Un club de gym vous fera le plus grand bien et permettra à votre corps de se redynamiser en douceur.

Juillet-août

Malgré quelques états d'âme qui viendront contrarier vos journées, vous serez en superforme, et il ne tiendra qu'à vous de profiter au maximum d'un repos bien mérité. Vous avez du mal à gérer le stress, et cela retentit sur votre foyer. Les vacances vous permettront de vous refaire une santé. Pour autant, vous garderez la tête au bureau, car un engagement important sera en pourparlers, et vous ne souhaiterez pas le laisser passer.

Cœur. Soyez sincère, pour ne pas avoir de mauvaises surprises. En couple, les conflits d'opinion vont se régler progressivement. Célibataire, préparez-vous à vivre un été en dents de scie, du fait de votre personnalité lunatique. Vous avez envie de vous amuser, mais selon votre humeur du moment.

Carrière. Je vous vois très volontaire, décidé à imposer vos idées plus qu'à les proposer ; attention à ne pas créer un climat de travail conflictuel. En y mettant les formes, vous obtiendriez, en douceur, ce que vous demandez par la force.

Forme. N'hésitez pas à boucler vos valises pour retrouver la forme et la sérénité.

Septembre

Laissez le passé au passé, sans ressasser vos souvenirs, et regardez vers l'avenir. Essayez de vous relaxer pour voir le ciel en bleu plutôt qu'en gris. La rentrée vous démoralise, mais je vous conseille de ne pas faire d'heures supplémentaires au bureau et de privilégier les sorties et les soirées entre amis. En conclusion : ce mois-ci, vous répondez que vous êtes fatigué et que vous ne vous êtes pas assez reposé cet été !

Cœur. Une décision est à prendre ! Essayez de relativiser et de ne pas faire porter le poids de vos problèmes à l'autre. Si vous êtes célibataire, vous aurez envie de conserver votre indépendance, et vous serez à la recherche d'une bonne âme qui vous fera oublier le passé.

Carrière. Comme vous n'êtes pas d'humeur à travailler, ni à vous investir pleinement dans votre activité, cela retentit sur la qualité des dossiers que vous devez traiter. Soyez plus concentré dans le travail !

Forme. Il n'est pas question de vous laisser emporter par ce flux vibratoire négatif qui vous étreint. Réagissez !

Octobre

Soyez consciencieux dans l'élaboration de vos projets, et veillez à respecter les délais qui vous sont impartis. Vous aurez beaucoup de punch et de tonus dans la deuxième partie du mois, et cela vous rendra entreprenant et créatif, prêt à vous investir dans des projets d'envergure que vous mènerez avec brio. Exprimez vos idées avec enthousiasme sur le papier, mais gardez-les confidentielles tant qu'elles ne sont pas vendues. Le ciel protégera toutes vos démarches et favorisera les réalisations.

Cœur. Vous êtes amoureux et bien décidé à protéger ce bel équilibre sentimental, quitte à sacrifier certains projets personnels au profit de votre couple. Célibataire, vous êtes en ouverture, alors profitez de cette bonne disposition astrale pour succomber à la tentation.

Carrière. Comme la chance est dans votre porte-monnaie, vous ne devriez pas avoir à vous inquiéter de vos rentrées d'argent, car elles seront favorisées tout le mois. Quelques gains inattendus pourraient même vous aider !

Forme. Puisez, dans l'alimentation et les compléments alimentaires, les vitamines, minéraux et oligo-éléments dont vous avez besoin.

Novembre

Attendez de retrouver votre discernement avant de prendre des décisions importantes, car des changements se profilent – tant dans le domaine privé que professionnel. Prenez un moment, au calme, pour réfléchir à votre carrière et envisager des changements constructifs. La fatigue nerveuse et physique joue sur votre capacité à gérer les situations tendues ou conflictuelles. Je vous conseille un peu de repos, afin de reprendre vos esprits.

Cœur. Vous mettrez toute votre énergie au service de vos ambitions professionnelles ; ce qui vous vaudra des représailles à la maison, car votre partenaire se sent délaissé – voire négligé – par vos absences répétées. Essayez de réorganiser votre planning et de ne pas vous laisser déborder.

Carrière. Comme votre situation professionnelle est instable et particulièrement difficile à vivre en termes d'horaires, de salaire et d'investissement professionnel, restez ouvert à de nouvelles propositions.

Forme. Le moment est bien choisi pour entreprendre une activité physique régulière, un sport qui vous plaît et que vous aurez plaisir à pratiquer.

Décembre

Un peu dépassé par les événements, vous aurez besoin de vous recentrer. Les fêtes vous monteront à la tête, et vous pourrez vous sentir débordé par tous les achats et les préparatifs à effectuer, mais vous serez parfait dans l'art de concilier vie professionnelle et vie privée. Avec aisance et assurance, vous réussirez à assumer vos responsabilités.

Cœur. Vous ferez de nombreux efforts pour préserver l'harmonie dans votre couple, ou pour le sauver s'il est en phase critique. Votre partenaire vous en sera reconnaissant. Entièrement tourné vers votre famille, vous ne penserez qu'à leur faire plaisir et, surtout, à leur consacrer plus de temps.

Carrière. Votre ligne de conduite exemplaire et votre conscience professionnelle seront saluées et récompensées. Continuez sur votre lancée pour accéder à un poste qui honorera vos nombreuses qualités.

Forme. L'année se terminera en beauté, avec un moral à la hausse et des insomnies qui s'envolent avec les soucis.

Comment je ressens
LE SCORPION

(23 OCTOBRE – 22 NOVEMBRE)
SIGNE D'EAU – PLANÈTE GOUVERNANTE : PLUTON

Vous êtes considéré comme le signe le plus sexuel du zodiaque, avec une propension à flirter dans des eaux troubles et à vivre dans les excès – c'est vrai ! Avec vous, tout est noir ou blanc, sans nuances, et peu de tolérance. Vous êtes un personnage entier et torturé, possédant de nombreuses qualités, certes, mais pas toujours en mesure de les exploiter. En effet, vous êtes capable du pire comme du meilleur, de sombrer au fond d'un gouffre ou d'escalader des montagnes, tout dépend de votre humeur, de votre vie et, beaucoup, de votre passé qui pèse lourdement dans la balance. Je vous vois souvent retourner vos pulsions de destruction contre vous ou contre les autres, mais, quelle que soit la situation, vous renaissez toujours de vos cendres avec une énergie hors du commun ; et cela est une de vos grandes qualités. Mais attention à ceux qui vous entourent, vous êtes un animal dangereux !

Côté mode

Telle une mante religieuse, sexy en diable, provocante mais élégante, la femme Scorpion suit la mode avec intérêt et se pare souvent des plus beaux atours. Vous portez des parfums capiteux et troublants, vous collectionnez les chaussures à talons, et vous alternez sans problème les tenues féminines et les tailleurs-pantalons au look androgyne. Ne changez rien, votre séduction passe par cette ambivalence. L'homme Scorpion, lui, est élégant et raffiné. Il affectionne les marques traditionnelles et les belles matières qui le mettent en valeur, et il n'hésitera pas à mettre la main au portefeuille pour s'habiller chez les grands couturiers.

Autour de vous

L'intérieur d'un Scorpion est généralement très bien tenu et bien organisé. Parfois, son goût immodéré pour la propreté frôle la maniaquerie, mais cela confère à son intérieur confort et chaleur. Chaque chose est à sa place, dans une parfaite harmonie de matières et de couleurs. Vous aimez le cuir, les meubles design, noirs et transparents, le luxe apparent et les verreries. Les œuvres d'art côtoient les objets de cœur, et vous pouvez être un grand collectionneur – voire un fétichiste.

Bien-être

Vous avez une santé de fer et un moral d'acier ! Ce sont vos nerfs qui sont le plus souvent soumis à rude épreuve, tant vous vous torturez le corps et l'esprit en permanence. Pour pallier les insomnies, seul le sport peut vous venir en aide, et je vous le conseille fortement afin de laisser reposer ceux qui sont autour de vous. Évidemment, vous aimez les sports d'endurance et de challenge, là où le risque vous maintient constamment entre la vie et la mort, car le sport n'est pas un loisir pour vous, mais un moyen de vous dépasser et de repousser les limites du corps et du mental. À vous les courses de vitesse en monoplace, les sauts en parachute, le vélo en compétition, la musculation en salle ou le ski alpin. En règle générale, vous n'êtes pas souvent malade, juste un peu douillet, malgré les apparences. Un simple rhume peut vous clouer au lit et vous amener à appeler les urgences uniquement pour que l'on s'occupe de vous.

Amour

Le Scorpion est un don Juan, un séducteur invétéré, un chasseur de dames, un coureur de jupons. On vous reconnaît à votre regard – perçant, sombre, envoûtant, hypnotisant. Vous aimez plaire et, pour conquérir l'objet de votre passion, vous allez déployer des trésors d'imagination, afin de parvenir à vos fins. Comme vous trouvez votre plaisir dans les préliminaires, vous n'êtes fidèle que si vous tombez amoureux. Amant fougueux et exalté, il vous faut trouver un partenaire à votre hauteur pour ne pas être frustré. La femme Scorpion est tout aussi dévoreuse et sensuelle, une grande amoureuse portée aux amours et aux expériences multiples, si elle ne rencontre pas son homme idéal.

Profession

Vous avez tous les atouts en main pour réussir votre vie professionnelle et suivre une brillante carrière, car vous savez vous donner les moyens de vos ambitions, grâce à une volonté et une détermination hors du commun. Si votre vocation n'est pas contrariée, vous excellerez dans vos domaines de compétence, mais, si vous n'aimez pas votre métier, vous pourriez vous laisser sombrer dans une situation catastrophique. Soyez vigilant sur vos choix de vie, d'autant que vous n'aimez pas l'autorité et n'êtes pas d'une nature qui s'adapte aux contraintes.

Animal de compagnie

Celui qui séduira ce grand angoissé, prêt à l'autodestruction en permanence, sera le compagnon idéal ! Un berger allemand fouineur avec des allures de policier, un mastiff courageux ou un saint-hubert à l'odorat développé. Mais pourquoi pas un pékinois mystique ?

Scorpion célèbres

Katy Perry, Jenifer Bartoli, Demi Moore, le prince Charles, Cyril Lignac, Patrick Sébastien, Scarlett Johansson.

Pour séduire un Scorpion

Le Scorpion reste le signe le plus énigmatique du zodiaque. Pour le séduire, pas de fausses notes ! Il a l'œil partout et retient avec précision tout ce qui ne sera pas à son goût. À vous de savoir créer l'ambiance, le mystère, et de révéler vos talents, car c'est un grand épicurien.

VOTRE ANNÉE 2023

Ambiance

En première partie d'année, il faudra songer à ne pas trop en faire sur le plan professionnel ; ou bien, à l'inverse, être dans l'excès de confiance en faisant preuve de suffisance, car une belle planète s'en charge déjà pour vous. Vous pourrez, dès la rentrée, fédérer beaucoup plus de monde autour de vos activités et de vos projets. Si vous êtes seul, n'hésitez pas à sortir et à vous aérer. Vous verrez que, spontanément, vous recommencerez à plaire, grâce à votre pouvoir de séduction inné.

MOIS PAR MOIS

Janvier

Il vous faudra faire preuve de patience et de persévérance pour que votre carrière décolle réellement. Et, même si les résultats de vos efforts ne sont pas immédiats, vous devrez absolument persévérer dans votre voie, car le succès sera à la clé. Vous verrez la vie du bon côté, avec une sensualité qui vous conduira à des échanges très romantiques et vous redonnera de l'énergie et du baume au cœur. Ainsi, vous reprendrez une vie sociale plus intense.

Cœur. Pour les célibataires, une rencontre pourrait déboucher sur une idylle qu'il ne faudrait pas idéaliser, mais accepter comme un moment de plaisir partagé. Je ressens que vous pourriez avoir envie de vous engager plus sérieusement et d'officialiser votre union au grand jour.

Carrière. Soyez prudent dans vos affaires, c'est un conseil. Si elles sont récentes, elles pourraient être éphémères ou se réaliser à long terme, mais pas dans l'immédiat.

Forme. Bien dans votre tête, il vous faudra également vous occuper de votre corps. Votre énergie décuplera surtout au fil du mois.

Février

Dans une ambiance propice à la renaissance, vous devrez vous attacher à prendre soin de vous et à en faire une priorité. Vous avez, plus que jamais, besoin de vous ressourcer, de retrouver une meilleure condition physique et de revoir votre hygiène de vie. Regardez l'avenir avec optimisme, et il vous sourira. Vous allez prendre les bonnes décisions, et cette nouvelle autorité qui s'installe va vous permettre, également, de dynamiser votre vie amoureuse.

Cœur. Comme votre charme sera très remarqué, vous croulerez sous les propositions. En couple, ce sera le moment de recréer une complicité entre vous et de pimenter votre relation, pour ranimer la flamme. Les échanges seront sensuels et passionnés, je vous vois retrouver votre beau sourire.

Carrière. C'est le mois idéal pour rattraper le temps perdu et obtenir d'excellents résultats. Côté finances, je vous conseille de ne pas vous prendre la tête avec les problèmes d'argent, pensez seulement à équilibrer votre budget.

Forme. Vous serez dans une forme resplendissante, et vous parviendrez à préserver votre santé par du sport et une alimentation équilibrée.

Mars

Vos interlocuteurs n'auront qu'à bien se tenir, car vous sortirez vainqueur de toutes les situations. Votre situation professionnelle va prendre de l'ampleur grâce à votre motivation et à votre perspicacité. Vous pourrez être fier de vos exploits, car vous ne les devrez qu'à votre travail et à votre talent. Les finances remontent, et vous pourrez régler vos factures sans soucis. Affectivement, revenez sur terre, personne n'est parfait. Votre idéal ne peut se matérialiser, si vous n'acceptez pas les autres comme ils sont !

Cœur. En couple, restez à l'écoute de l'autre, c'est mon conseil. Célibataire, votre charme indéniable fera des ravages ; et, si vous sortez, vous ne le regretterez pas. Vous pourrez vous enflammer pour une personne, mais celle-ci risque de vous décevoir, au bout du compte ; alors soyez vigilant.

Carrière. Les finances remontent, veillez à maintenir votre compte à flot, et ne signez pas des contrats s'ils sont revus à la baisse. À vous d'imposer vos exigences !

Forme. Pour préserver votre capital santé, et comme vous avez tendance à somatiser, prenez du recul.

Avril

Enfin, vous lâcherez prise et ne serez plus prisonnier de vos performances. Vous retrouvez, progressivement, un équilibre entre vie professionnelle et vie privée. Une grande remise en question vous aidera à y voir plus clair et à vous rendre compte que vous accordez trop de place au travail ; ce qui vous causera des problèmes de santé et un stress maximum. Ainsi, vous allez rapidement opérer les changements qui s'imposent et profiter de la vie et des plaisirs de l'amour.

Cœur. En couple, je vous conseille de faire des concessions d'un côté et de l'autre, pour retrouver un équilibre dans le quotidien. Célibataire, vous risquez de faire une rencontre exaltante qui vous fera oublier tout le reste, pour ne laisser place qu'à la fusion.

Carrière. En aménageant votre planning autrement, vous devriez trouver une meilleure manière de fonctionner, et de vous permettre de vous ouvrir vers l'extérieur, afin de vous ménager des plages de détente nécessaires.

Forme. Votre vitalité remonte, mais vous serez encore vulnérable face au monde extérieur.

Mai

Seule l'organisation vous fera défaut, alors fournissez un effort. On ne tarira pas d'éloges sur votre personne, et on aura raison. Vous respirerez la joie de vivre, et votre enthousiasme sera communicatif ; aussi, vous ferez absolument tout ce dont vous aurez envie en suivant votre intuition. Au travail, vous mettrez du cœur à l'ouvrage, et les résultats seront convaincants. Votre santé laissera un peu à désirer. Votre corps a besoin de bouger et de s'oxygéner pour carburer à plein régime. Réagissez !

Cœur. Votre relation passionnelle tournera vite à la fusion, alors gare aux scènes de jalousie et aux conflits dans le couple. Célibataire, vous trouverez l'âme sœur au coin de la rue et ne la quitterez plus. Votre cœur battra la chamade, et l'amour deviendra votre priorité.

Carrière. Je ressens un manque de confiance en vous, qui pourra se traduire par une fuite devant les événements. Et, pourtant, vous avez toutes les qualités pour réussir ; ce serait dommage de les réduire à néant.

Forme. Votre résistance physique est en baisse. Si vous faites du sport, gare aux blessures !

Juin

Ambiance torride en perspective, dans votre vie affective ! L'amour va vous transporter, et vous vivrez dans un climat passionnel. Au travail, allez dans le sens du courant et ne jouez pas les rebelles, sous peine de faire des vagues qui vous conduiraient tout droit au naufrage. Comme vous afficherez une forme olympique et une séduction maximale, ménagez votre entourage, car votre combativité pourrait décontenancer.

Cœur. Si vous êtes célibataire, une rencontre passionnelle est à prévoir. Vous pourrez avoir un coup de cœur fulgurant, qui vous emportera vers des sphères érotiques et sensuelles. En couple, vous saurez envoûter votre partenaire, mais je vois des dissensions qui pourraient venir mettre un terme à la relation.

Carrière. Si vous êtes en libéral, vous ne compterez pas vos heures, et serez particulièrement efficace dans votre activité. De beaux succès sont à espérer, durant cette période propice à la créativité.

Forme. Le soleil a des effets magiques sur votre moral, profitez au maximum de ses rayons.

Juillet-août

Que ce soit dans le travail ou à la maison, vous passerez beaucoup de temps à mettre de l'ordre dans vos idées et, plus concrètement, dans vos dossiers. Essayez de faire une pause salutaire. Partez en vacances dans n'importe quelle oasis, pourvu que la mer et le soleil soient au rendez-vous. À défaut, l'amour vous comblera. Vous serez tellement sollicité que vous allez finir par en être énervé ; mais je vous vois baigner dans le succès !

Cœur. En couple, l'entente est agréable, et vous avez envie de vous retrouver pendant cette période de l'été. La famille est au centre de vos discussions. Célibataire, l'amour pourrait bien vous tomber sur la tête, et sans ménagement. Changez votre programme, et succombez à la tentation.

Carrière. Avec un rythme effréné et une motivation sans faille, vous bouclerez vos dossiers dans les meilleurs délais. Soyez diplomate, mais ne vous laissez pas envahir par des collaborateurs qui comptent sur vous pour terminer le travail.

Forme. Profitez de ces deux mois d'été pour absorber un maximum de soleil, et relaxez-vous par tous les moyens, c'est indispensable !

Septembre

Bien dans votre peau et dans votre tête, vous croulez sous les rendez-vous ; ce qui vous permet d'élargir votre relationnel dans une dynamique extrêmement positive. Vous courrez dans tous les sens, avec une énergie sans cesse renouvelée. Inscrivez-vous à une activité sportive pour conserver votre ligne, et ne négligez pas les règles de base de la diététique, en évitant notamment les graisses et les sucreries. Tout vous réussit, et l'avenir vous sourit – que du bonheur pour vous !

Cœur. Votre moitié est à vos pieds, et vous vous regardez avec admiration chaque jour qui passe. Célibataire, vous rêvez de rencontrer l'âme sœur ; alors vous aurez tendance à fantasmer sur une personne qui ne vous convient pas, juste pour le plaisir. Ne perdez pas de temps avec des amours passagères !

Carrière. Votre situation professionnelle est en train d'évoluer. De nouvelles perspectives vous sont proposées, et vous auriez tort de ne pas les accepter, car vos compétences vous confèrent une belle efficacité dans le travail.

Forme. Ne lâchez pas le sport, car c'est en pratiquant une activité physique régulière que vous conserverez une santé de fer.

Octobre

La communication est à l'honneur, avec de belles négociations professionnelles qui se concrétisent rapidement par un contrat d'embauche ou un poste à responsabilités que vous convoitiez depuis longtemps. On apprécie vraiment votre créativité et vos idées originales. L'intuition vous guidera dans toutes les décisions importantes à prendre. Continuez sur votre lancée, avec enthousiasme et bonne humeur.

Cœur. Je vous vois en séducteur épanoui. Attention à ne pas trop susciter la jalousie de votre partenaire par un comportement exubérant. Il n'y est pas habitué, et pourrait s'en offusquer. Célibataire, vous serez tenté par les plaisirs de la chair, même si la connivence intellectuelle n'est pas extraordinaire.

Carrière. Les résultats ne se font pas attendre, et vous pourriez décrocher un contrat juteux ou bénéficier d'une promotion ! Sans être trop dépensier, permettez-vous quelques écarts de budget, et faites-vous plaisir.

Forme. Vous continuez à être dans une forme resplendissante. Attention : votre tempérament épicurien se réveille subitement.

Novembre

Comme vous serez particulièrement performant dans votre métier, cela ne manquera pas de créer quelques tensions nerveuses et un accroissement de votre susceptibilité. Votre carrière évolue favorablement, avec beaucoup d'opportunités. Je ressens que votre vie professionnelle assez stressante va rejaillir dans votre foyer ; aussi, vous aurez besoin de vous défouler. Une nouvelle orientation professionnelle ou un déménagement sont à prévoir.

Cœur. Je vous conseille d'arriver à un compromis, car vous aurez tendance à culpabiliser votre partenaire et à le rendre responsable de tous vos malheurs. Sachez que les reproches et les critiques ne font rien évoluer. Mieux vaut une franche discussion, teintée de compréhension. Soyez plus tolérant !

Carrière. Votre travail sera sans faille, performant et apprécié, et suscitera bien des convoitises. Il se peut que certains collaborateurs mal intentionnés cherchent à vous dévaloriser aux yeux de vos supérieurs. Tenez bon !

Forme. Les astres ne viendront pas perturber le secteur de votre santé. Vous pouvez dormir en toute tranquillité.

Décembre

Vous avez une très belle forme générale, qui retentit sur votre moral et vous fait voir la vie en rose. Vous pourrez vivre d'amour et d'eau fraîche, et cela suffira à votre bonheur. Mais vous alternerez l'euphorie et la mélancolie, selon les circonstances. Comme vous aurez à cœur que tout soit parfait pour Noël, vous ne supporterez aucune contrariété à ce sujet. En couple, vous déborderez de fantaisie et d'enthousiasme.

Cœur. La compréhension et la tolérance régneront en maîtres dans votre maison, et vous aurez une oreille attentive pour chacun. Vous serez aux petits soins avec votre entourage. Célibataire, vous aurez tendance à idéaliser une personne qui ne vous correspond pas.

Carrière. Vous devriez recevoir une bonne nouvelle, côté finances, avant la fin de l'année. Par contre, attention aux dépenses exorbitantes qui n'entreront pas dans votre budget. Prenez l'avis d'un conseiller pour établir des priorités.

Forme. Vous serez en parfaite santé pour affronter les fêtes de fin d'année. Profitez de cette période pour partager la convivialité.

Comment je ressens LE SAGITTAIRE

(23 NOVEMBRE – 21 DÉCEMBRE)
SIGNE DE FEU – PLANÈTE GOUVERNANTE : JUPITER

Vous êtes un être fantasque et extraverti, promis à de grandes réalisations ; un aventurier éperdu à la recherche d'exotisme et de lointains horizons, et le monde n'est pas assez grand pour assouvir toute votre curiosité et votre besoin d'expansion. Enthousiaste, jovial et chaleureux, vous êtes charismatique et doté d'un humour ravageur. Deux personnalités contradictoires se distinguent dans votre signe : l'anticonformiste rebelle, éternel voyageur sans domicile fixe ; et le débonnaire soucieux de son apparence et amoureux de son confort, qui se fie aux valeurs traditionnelles et respecte la morale. Les deux personnalités peuvent s'allier et s'opposer tour à tour dans le même individu, créant un paradoxe qui vous est difficile à vivre.

Côté mode

L'homme Sagittaire se désintéressera totalement de sa tenue vestimentaire et fera preuve d'un goût douteux, tant le confort l'emporte sur l'élégance. La femme Sagittaire sera beaucoup plus soucieuse de son apparence, et alternera le décontracté et une certaine prestance originale à l'occasion d'une soirée. L'un comme l'autre se font remarquer par leur exubérance, leur charisme et leur charme ravageur, dont le potentiel est bien supérieur à la découpe de leurs vêtements.

Autour de vous

L'intérieur d'un Sagittaire peut se présenter comme un vrai champ de bataille, où il n'est pas facile de s'y retrouver. Les objets souvenirs côtoient les curiosités en tous genres : photos, bibelots, tapis comme tableaux, qui ont une valeur plus symbolique que pécuniaire. Dans ce désordre organisé aux couleurs chatoyantes, le Sagittaire trouve un réconfort affectif dans le monde qu'il s'est créé et qui lui permet d'exister.

Bien-être

Vous affichez généralement une bonne santé, liée à votre être dynamique et sportif, qui a une conscience aiguë de son corps. Dans le cas d'une personnalité plus indolente et épicurienne, vous pouvez souffrir de crises de foie ou autres problèmes intestinaux, dus à des excès alimentaires et à votre gourmandise. Pour autant, les points faibles de votre signe restent les hanches et les cuisses ; et vous pouvez facilement être sujet aux problèmes de dos et aux sciatiques, ainsi qu'aux fractures. Avec une bonne hygiène de vie, vous serez capable de relever tous les défis, et d'escalader des montagnes avec une hargne incroyable. Votre moral sera déterminant sur votre santé, préservez-le avec soin.

Amour

Le Sagittaire est un passionné qui ne supporte ni la routine ni les contraintes du quotidien. Il veut sans cesse réinventer l'amour avec la personne qu'il aime, en jouant avec les interdits qu'il a souvent plaisir à transgresser. S'il s'ennuie dans son couple, il sera infidèle et malheureux de l'être, mais il ne pourra se résoudre au conformisme amoureux, car il a besoin d'indépendance et de grands espaces – ce n'est pas une personne que l'on peut enfermer. Pour autant, il pourra s'engager, s'il est en fusion avec l'être aimé, et construire une famille, car il sera un parent exemplaire, soucieux du bien-être de ses enfants et prenant son rôle très au sérieux.

Profession

Vous avez besoin de vous réaliser et de vous épanouir dans votre travail, par vocation plus que par devoir. Parce que vous faites preuve d'une rare conscience professionnelle et d'une infinie générosité, tous les métiers artistiques vous sont ouverts, ainsi que les professions qui demandent un bon sens relationnel. Votre goût du voyage vous conduira à de multiples changements d'orientation et de carrière, suivant l'instinct et la passion qui vous caractérisent, afin de réaliser vos rêves.

Animal de compagnie

Un cheval plein de chaleur et de soleil par sa robe à la couleur chaude, un chien joueur à l'esprit jeune, un âne sympathique ou des animaux aptes au dressage et à l'éducation bienveillante du Sagittaire.

Sagittaire célèbres

Brad Pitt, Vincent Cassel, Miley Cyrus, Louise Bourgoin, Jane Fonda, Kylian Mbappé, Emmanuel Macron.

Pour séduire un Sagittaire

Drôle, loquace, joyeux, bourré de charme et peu soucieux des convenances, ayez le sourire et vous ferez la conquête de ce séducteur facile à séduire par le naturel, la sincérité, la fantaisie et la bonne humeur.

VOTRE ANNÉE 2023

Ambiance générale

C'est surtout en janvier, avril et juillet qu'il faudra agir pour être dans un fauteuil, et gérer au retour des vacances pour le reste de l'année. Octobre et novembre seront des mois plutôt à surveiller sur le plan professionnel et concernant vos affaires familiales. Veillez à bien réfléchir avant de vous engager ou de signer un nouveau bail, un nouveau contrat de travail, si vous ne voulez pas avoir de mauvaises surprises. De même, pour les personnes qui s'apprêtent à partir en voyage pour les vacances, ou carrément à tout quitter.

MOIS PAR MOIS

Janvier

Je vous ressens dynamique, entreprenant. Votre énergie vous protégera de tous les courants d'air, et vous serez aussi résistant que performant – ce qui vous vaudra un très beau début d'année, riche en nouveautés ! Vous serez un peu envahissant, mais ce sera par enthousiasme. Exalté et de bonne humeur, vous allez faire un malheur durant tout ce mois. Votre vitalité sera telle que l'on viendra vous chercher pour collaborer à de grands projets professionnels.

Cœur. En couple, vous serez prévenant avec votre partenaire – voire jaloux, s'il joue un peu trop avec vos sentiments. De grâce, laissez-le respirer, et il vous reviendra plus doux qu'un agneau. Célibataire, votre charme agira tout seul ; alors restez naturel. Je vois une personne faire battre votre cœur en secret.

Carrière. La chance accompagnera toutes vos démarches ; ce qui laisse espérer des succès immédiats dans les affaires, ainsi qu'une bonne stabilité pour vos finances.

Forme. Un peu de sport ou d'activité physique vous réconciliera avec votre corps.

Février

Concentré sur vos objectifs et déterminé à les atteindre, vous vous débarrasserez des profiteurs, au passage. Votre vie affective pourrait bien se jouer sous couvert de mensonges, voire d'infidélités conjugales. Je vous conseille la prudence, si vous ne voulez pas en subir des conséquences fâcheuses inéluctables. Évitez les négociations financières, car votre discernement serait faussé, et vous pourriez mal estimer les propositions qui vous seront faites.

Cœur. Vous serez attiré par une relation difficile à gérer, que vous garderez secrète pour ne pas faire de vagues. Suivez votre instinct et le dicton qui nous incite à vivre cachés pour être heureux, mais vraiment cachés. Ou alors choisissez de vivre au grand jour, en n'ayant rien à cacher.

Carrière. Poussé par une volonté hors du commun d'imposer votre talent et d'occuper le devant de la scène, vous ne reculerez devant aucun sacrifice pour servir vos ambitions.

Forme. Je vous conseille des week-ends de détente au grand air et dans le calme, pour pallier la frénésie de la semaine.

Mars

Votre ambition professionnelle sera décuplée, et vous serez très performant dans votre travail. Un contrat juteux se profile à l'horizon. Vous aurez tendance à agir au travail comme en amour, ce qui vous jouera de mauvais tours ! En effet, votre niveau d'exigence sera élevé, ce qui pourrait ne pas convenir à la personne que vous aimez. Je vois une magnifique période en vue.

Cœur. Pour les célibataires, de beaux jours sont à venir, avec la possibilité d'une rencontre riche en émotions. La période ne s'y prête pas, il vous faut encore de la patience. En couple, vous retrouverez vite une belle complicité avec l'être aimé.

Carrière. Vous continuerez sur votre lancée, et votre activité prendra de l'essor. Un contrat important devrait se signer et vous mettre à l'aise financièrement.

Forme. Vous ne prenez aucun repos, car vous débordez d'énergie. Un week-end détente ne serait pas du luxe, afin de recharger les batteries.

Avril

À la fin du mois, vous serez à même de réaliser un investissement capital pour votre plan de carrière. Emporté par votre réussite, vous pourriez commettre quelques folies dans votre vie affective, qui ne seraient pas sans conséquences ; réfléchissez à la portée de vos actes. Vous pourrez également régler des affaires litigieuses avec succès.

Cœur. En couple, la lassitude, la routine ou un soudain désir d'indépendance vont vous faire commettre quelques impairs. Vous pourriez alors aisément vous laisser tenter par une aventure de passage. Pour les célibataires, votre séduction sera à son maximum, et vous la testerez plus que nécessaire.

Carrière. Vous devrez avancer avec une conscience professionnelle et une organisation sans faille. C'est à ce prix que vous pourrez vous réaliser dans votre activité. Une belle énergie vous accompagne ; mettez-la à profit.

Forme. Pour calmer vos ardeurs et réguler vos sautes d'humeur, pratiquez des méthodes douces de relaxation, ainsi que des exercices de respiration.

Mai

Côté finances, vous pourrez conclure une très belle affaire que vous aviez mise en place et qui va se révéler fructueuse. Bonne nouvelle : tout rentre dans l'ordre dans la confusion des sentiments, vous voilà revenu à plus de sagesse et de réflexion. Votre foyer sera en lumière, et vous n'aurez de cesse de vous en occuper, par des travaux d'aménagement et par un grand sens protecteur vis-à-vis de votre famille.

Cœur. Pour un mois serein, évitez de devenir trop exigeant et pointilleux dans le quotidien. Au lieu de faire la liste de tous les défauts de votre partenaire, remettez-vous en question, et vous verrez que les torts sont partagés. Célibataire, une heureuse rencontre vous redonne la joie de vivre.

Carrière. Vous allez être amené à développer votre activité et à entreprendre un stage ou une formation. Tout ce qui touche à l'économie et à l'informatique sera mis en lumière. Et la chance sera à vos côtés !

Forme. Vous avez connu des problèmes de santé dernièrement, mais ils s'envolent rapidement, et vous retrouvez le tonus et du bien-être.

Juin

Courage, votre travail sera reconnu, n'en doutez pas ; et vous ferez taire les mauvaises langues, le moment venu ! Pour pallier la fatigue, pensez à décompresser, le temps d'un week-end, afin de recharger vos batteries. Malgré vos idées novatrices, vous avez le sentiment d'être incompris. Vous allez faire cavalier seul, sans perdre votre motivation et sans vous laisser déstabiliser par les commérages.

Cœur. Si votre partenaire est trop extraverti et se donne en spectacle, bien que cela ne soit pas de votre goût, modérez vos propos à son égard ! Et, si la routine vous ennuie, soyez le premier à proposer des sorties ; n'attendez pas que cela vienne toujours de votre partenaire.

Carrière. Vous avez beaucoup investi dans des projets qui ne rapportent pas dans l'immédiat. Patience… Contentez-vous de surveiller attentivement vos finances, car vous économisez pour les vacances.

Forme. Il vous faut vous reposer, pour aborder les vacances en toute sérénité. Continuez sur un rythme festif, et vous passerez l'été à dormir.

Juillet-août

La chance vous sourit, et vous allez vivre un véritable conte de fées ! Vous analyserez sainement votre carrière, et vous mettrez en place de nouveaux projets pour la faire évoluer. Impatient et téméraire, vous provoquerez des étincelles que vous aurez, ensuite, beaucoup de mal à éteindre. Vous ressentirez le besoin de prendre du recul, mais cela n'aura aucune incidence sur la qualité de votre travail.

Cœur. En couple, je vois une renaissance ou une naissance. Vos sentiments se resserrent dans une tendre complicité. L'été se présente sans nuages, et sera marqué de merveilleux moments à deux. Célibataire, vous n'allez pas le rester ! Charismatique, votre regard chaleureux va allumer une étincelle.

Carrière. Réfléchissez avant d'agir, pour ne pas vous mettre dans des situations embarrassantes. Ne confondez pas vitesse et précipitation, car vous en subiriez directement les conséquences.

Forme. Profitez de ces jours bénis pour vous ressourcer, loin du bruit. Alternez les activités physiques et les siestes.

Septembre

Vous pouvez compter sur votre entourage, qui vous encourage à réaliser vos ambitions personnelles. Les rendez-vous professionnels sont à l'honneur, car votre calme intérieur retentit sur vos affaires. Votre éloquence est appréciée ; ce qui élargit vos possibilités. De nouveaux partenaires s'engagent à vos côtés, et une énergie créatrice en ressort, qui vous permet de signer des contrats juteux. On recherche votre compagnie, et vos amis vous témoignent toute leur sympathie.

Cœur. Un projet commun donne des ailes à votre couple. Vous construisez votre nid d'amour et songez à faire des petits. Célibataire, vous êtes très courtisé ; alors profitez de cette popularité pour vous amuser, mais fuyez les amours inconsistantes, car l'amour avec un grand « A » est au rendez-vous.

Carrière. Côté finances, pas de quoi s'inquiéter. La période est propice aux investissements. Si vous travaillez en équipe, vous serez un leader respecté et un initiateur de projets aussi créatifs que lucratifs.

Forme. Les vacances vous ont réussi. Vous avez rechargé vos batteries, et c'est reparti ! Vous allez obtenir tout ce que vous désirez, sans le moindre effort.

Octobre

Vos ambitions professionnelles prennent le pas sur vos réalisations personnelles. Équilibrez la balance, pour ne pas devenir une machine de travail qui ne fonctionne qu'au rendement. Prenez le temps de profiter de la vie, de voir vos amis et de partager des moments de complicité en famille. Essayez de consacrer à vos proches une journée par semaine, la tête libre de toute contrainte professionnelle ; sinon, gare aux conséquences !

Cœur. Les couples auront de gros problèmes de communication. Seuls quelques rescapés dont l'amour est solide sauront résister aux naufrages sentimentaux. Prenez l'air, chacun de votre côté, pour mieux vous retrouver. Célibataire, attendez que le ciel se calme et que les astres soient favorables à vos amours.

Carrière. Votre créativité remonte à la surface et vous insuffle de nouveaux projets à réaliser. Votre énergie transparaît dans vos réalisations professionnelles ; vous allez prendre une position de leader.

Forme. Comme vous ne ménagez pas vos efforts, la fatigue se fera sentir. Vous devrez vous organiser des plages de détente pour vous ressourcer.

Novembre

Comme vous allez afficher une grande forme générale, avec de belles satisfactions, vous prendrez votre envol avec succès. Ne prenez pas la grosse tête, et soyez prudent dans vos dépenses, ainsi que modéré dans vos propos. En famille, soyez philosophe, et laissez passer la tempête ! De belles surprises dans votre vie affective vont vous dynamiser et vous faire retrouver le sourire et le moral.

Cœur. Les frictions dans le couple prendront moins d'ampleur, si vous les traitez avec humour. Mettez les tensions sur le compte de la fatigue, plus que sur un désamour. Célibataire, cela fait longtemps que vous rêviez d'une rencontre qui vous sortirait de la routine quotidienne. Ce grand moment est arrivé !

Carrière. Faites confiance à votre équipe de travail, et soyez plus déterminé que jamais dans les affaires. Soyez confiant dans vos projets, et motivé pour les réaliser. La chance est de votre côté.

Forme. Votre santé découlera immédiatement de votre moral, vous l'aurez compris !

Décembre

Un pas en avant, deux en arrière ; vous serez en proie à une profonde remise en question de vos valeurs actuelles. Vous aurez du mal à vous concentrer, et vous partirez dans toutes les directions en même temps ; ce qui entraînera des conséquences sur la qualité de votre travail. Les fêtes de fin d'année risquent d'être perturbées par ces interrogations personnelles et familiales. Mais votre santé sera exceptionnelle – c'est toujours bien pour terminer l'année.

Cœur. La vie ne sera pas toujours facile au quotidien, et vous allez connaître des moments de doute, qu'il convient d'affronter en face. Privilégiez une ambiance de paix, pour les fêtes de Noël. Célibataire, vous aurez plutôt tendance à changer de partenaire qu'à vous engager sérieusement dans une relation.

Carrière. Attention aux maladresses et aux étourderies ! En revanche, beaucoup d'occupations et de préoccupations du côté de vos finances et des placements que vous avez en cours. Surveillez tout cela très attentivement, et soyez confiant.

Forme. Les fêtes décupleront votre charisme, et vous serez comblé de vous sentir aussi bien dans votre corps.

Comment je ressens
LE CAPRICORNE

(22 DÉCEMBRE – 20 JANVIER)
SIGNE DE TERRE – PLANÈTE GOUVERNANTE : SATURNE

Vous êtes un être difficile à comprendre, car vous ne racontez pas votre vie au premier venu. Introverti par nature, vous ne manquez pas d'humour et d'enthousiasme, mais cela ne s'exprime pas dans une démesure affichée. Brillant intellectuellement, vous avez le sens des valeurs, du travail bien fait, de l'organisation parfaite pour arriver à vos fins. Si le Capricorne se donne les moyens de réaliser ses ambitions, c'est qu'il est courageux. Vous ne baissez pas les bras facilement, car vous ne supportez pas que les choses ou les gens vous résistent. Entêté, honnête et droit, vous pourrez passer votre vie au service d'une cause qui vous semble juste, et travailler d'arrache-pied pour concrétiser vos rêves. Fier, parfois égocentrique, vous défendez vos idées avec force et conviction. Pour autant, votre charme est souvent ravageur, et vous savez parfaitement l'utiliser à bon escient.

Côté mode

Vous avez le souci de votre apparence, car vous aimez être regardé, voire admiré. En revanche, vous n'êtes pas sophistiqué et ne faites pas de manières. Vous entretenez votre look sobre mais élégant. Même en jean et en baskets, vous avez une classe naturelle qui n'a pas besoin d'artifices. Le charme opère plutôt grâce à votre regard et à votre sourire, à votre attitude, à votre comportement, et au mystère que vous dégagez, teinté toujours d'humour corrosif.

Autour de vous

L'intérieur d'un Capricorne est, en général, remarquable. Les choses sont à leur place, et il a un sens inné du ménage et du rangement, car cela le rassure. Vous avez besoin de repères pour vous épanouir, et vous tenez particulièrement à votre environnement. La bibliothèque tient une place primordiale, tout comme votre collection de disques et de jeux en tous genres. Cérébral, mais affectif à l'extrême, vous cachez, derrière votre masque détaché, un attachement aux objets proche de l'adoration. Passéiste et nostalgique, vous conservez vos souvenirs comme des reliques. Votre intérieur vous tient à cœur, car il est généralement à votre image.

Bien-être

Vous êtes un hypocondriaque qui s'invente des maladies en permanence, et qui aime à consulter pour déceler une tumeur ou un mal incurable. En réalité, vous avez envie que l'on s'occupe de vous, car vous possédez une excellente santé. Très à l'aise avec votre corps, sans fausse pudeur ni exhibitionnisme, terrien jusqu'au bout des ongles, vous connaissez vos limites, et vous vous blessez rarement, grâce à votre aisance naturelle. Sportif accompli, endurant, votre mental d'acier vous permet de vous surpasser. Si vous êtes peu soutenu et mal entouré, vous pouvez vous laisser complètement aller et endormir vos capacités. Attention : votre point faible reste le squelette, les os et les articulations.

Amour

Le Capricorne a une très haute idée de l'amour, et il ne faut ni le tromper ni le décevoir, sous peine d'être radié définitivement de sa vie. La famille est importante à vos yeux, vous y puisez force et énergie pour vous dépasser. Autant vous adorez les enfants, autant vous êtes un parent assez strict dans l'éducation. Débordant d'amour pour votre lignée, on peut compter sur vous, même si vous n'avez pas toujours le sens des responsabilités. Votre monde intérieur est très riche ; et, parfois, vous pouvez planer, révélant un fort penchant pour les excès en tous genres qui peuvent vous conduire à la perdition, car vous n'assumez pas la partie sombre de votre personnalité.

Profession

Capable du pire comme du meilleur dans le domaine professionnel, si vous arrivez à vous réaliser dans votre activité, vous serez passionné, voire militant, et défendrez vos idées avec une conviction hors du commun. Mais, si vous êtes sur la touche, votre frustration sera telle que vous en deviendrez irascible. Dans tous les cas, votre sérieux et votre son sens de l'organisation feront recette. Rigoureux dans le travail, avec une grande conscience professionnelle et une logique implacable, je vous vois dans les métiers scientifiques, de recherche ou de gestion. Si vous évoluez dans un univers artistique, vous excellerez comme metteur en scène, comédien, technicien de cinéma, journaliste ou critique d'art.

Animal de compagnie

Évitez l'animal casanier, et privilégiez le chien sportif, amoureux des grands espaces, comme un colley, un lévrier ou un bon labrador. Et, bien sûr, tous les chiens de chasse, qui obligeront le Capricorne à s'aérer et à s'évader.

Capricorne célèbres

Étienne Daho, Kevin Costner, Jude Law, Kate Moss, Vanessa Paradis, Audrey Fleurot, Carla Bruni.

Pour séduire un Capricorne

Le Capricorne n'est pas un être facile à approcher, à cerner et à dérider. Afin de l'apprivoiser, misez sur le classique et le raffiné. Comme c'est un ascète qui déguste plus qu'il ne savoure, privilégiez la qualité à la quantité.

VOTRE ANNÉE 2023

Ambiance générale

Il faut accepter le symbolisme de laisser mourir pour mieux renaître avec une énergie nouvelle. Il faudra faire le dos rond, devant toute cette pluie de difficultés et ce vent de changement qui soufflera dans votre vie jusqu'à l'été. Vous aurez, ensuite, toutes les cartes en main, à la rentrée, pour prendre un nouveau départ et réorienter votre vie dans la direction que vous voulez. Évitez de vous accrocher à vos certitudes, ou à ce qui n'existe déjà plus. Privilégiez les activités qui mettront en valeur votre sens de l'organisation. Et, côté finances, vous pourrez dormir sur vos deux oreilles.

MOIS PAR MOIS

Janvier

Les fêtes vous ont épuisé ! Vous avez du mal à remonter la pente, et vous serez sujet à quantité de petits maux qui vous contrarieront. Pour chasser la fatigue, pensez aux vitamines, car vous ressentirez des moments de fatigue – tant physique que morale – qui pourront retentir sur vos relations amicales. Prenez le temps de vous reposer. Les hauts et les bas auront raison de votre état général, et vous devrez vous octroyer de longs moments de repos pour ne pas perdre pied.

Cœur. En couple, la patience et la diplomatie ne seront pas à l'ordre du jour. Vous aurez du répondant, mais faites attention à ne pas blesser votre partenaire par des remarques acerbes. La communication sera coupée de votre part, et il serait dommage de vous mettre à dos tout votre entourage en raison d'une simple baisse de moral.

Carrière. Les contacts seront un peu difficiles, car vous aurez tendance au pessimisme. Impérativement, prenez sur vous pour ne pas être trop susceptible. En revanche, vous serez très performant au travail, si l'on ne vous demande pas de faire du relationnel à outrance.

Forme. Vous allez devoir surmonter les coups de cafard, en changeant d'air chaque fois que vous en aurez l'occasion.

Février

Un écart est si vite arrivé ! Pour ce qui est de votre forme, vous n'aurez pas complètement retrouvé votre équilibre, alors il vous faudra continuer à prendre soin de vous, afin de pouvoir remonter la pente. Vous serez en pleine mesure de vos capacités intellectuelles, pour arriver à vos fins et régler les conflits qui pourraient

survenir dans le cadre de votre travail. Seule la diplomatie pourra, parfois, vous manquer, alors vous devrez faire un effort pour surveiller votre langage.

Cœur. Pour les célibataires, je les vois donner du fil à retordre à leur partenaire éventuel. L'amour va vous donner une pleine confiance en vous et vous permettre de vous surpasser dans le quotidien. Attention : à cultiver trop de franchise, vous ne vous révélez pas très enclin à la compréhension.

Carrière. Profitez de cette période d'hésitation pour mûrir vos projets en solo, et consolider vos acquis, en prenant du recul par rapport aux conseils de votre entourage. Je vous conseille et vous recommande la prudence.

Forme. En adoptant une attitude active et en ne négligeant pas votre condition physique, vous constaterez des bienfaits immédiats sur votre moral.

Mars

N'hésitez pas à prendre des risques ! À imposer vos idées et à sortir des sentiers battus ; le secret de la réussite et de belles rentrées d'argent seront au rendez-vous. Le mois sera propice à l'introspection et à la remise en question de votre vie, et du sens à lui donner. Vous serez en attente de nouveauté et prêt à provoquer de grands bouleversements pour vous épanouir pleinement. En fin de mois, l'amour sera votre priorité.

Cœur. Célibataire, vous ne tiendrez pas en place, et sortirez beaucoup pour vous amuser et faire la fête. L'amour prendra alors des allures d'aventures sans lendemain ! En couple, vous serez très démonstratif et attentionné avec votre partenaire, qui sera charmé par votre comportement.

Carrière. Vous serez créatif et entreprenant, ce qui va vous conduire à proposer un projet inédit ou à vous lancer dans une activité parallèle pour exploiter vos qualités. Poursuivez vos efforts et conservez votre enthousiasme.

Forme. Exubérant, votre moral est en hausse, vous aurez du tonus et une bonne résistance aux virus.

Avril

Côté travail, vous pourrez vous épanouir pleinement, car vos compétences seront appréciées et valorisées. La confiance en vos qualités vous donnera les ailes pour vous envoler vers les plus hautes sphères. C'est excellent ! Côté cœur, vous ferez la part belle à vos amours, avec une sensualité et un charisme inégalables. Pleins feux sur vos amours, car Vénus va vous guider.

Cœur. En couple, les liens se renforcent vraiment, vous savez exprimer vos sentiments avec franchise et mettre de la fantaisie dans votre relation – ce n'est que du bonheur ! Célibataire, votre charme naturel va opérer. Soignez votre apparence et ouvrez votre cœur, les rencontres se révéleront positives.

Carrière. Votre ambition sera décuplée, et vous serez tenté de prendre des risques pour vous enrichir. Le fait d'être actif vous ouvrira des portes, mais n'attendez pas de résultats dans l'immédiat. Patience...

Forme. Les premiers rayons du soleil auront des effets positifs sur votre organisme. Vous afficherez une forme époustouflante.

Mai

Seul le stress pourra vous causer préjudice. Apprenez à vous relaxer... Pour décharger votre trop-plein d'énergie, adonnez-vous au sport ! Votre ambition sera sans limites, et vous mettrez tous les moyens en œuvre pour réussir. Vous serez un brillant négociateur, et vous pourrez signer des contrats juteux grâce à votre force de persuasion. Votre dynamisme et votre « peps » feront l'unanimité, mais attention à ne pas devenir trop envahissant.

Cœur. Si votre partenaire est à la hauteur, la passion sera au rendez-vous ; mais, dans le cas contraire, gare aux infidélités ! Célibataire, une rencontre sera déterminante et pourrait bien remettre en question votre manière de vivre. Profitez au maximum du bonheur qui passe.

Carrière. Votre ambition sera au top niveau ! Vous allez mettre toute votre énergie dans le travail, à échafauder de nouveaux projets et à prendre des risques pour faire évoluer votre carrière. Attention à ne pas agir sur un coup de tête !

Forme. Le stress sera présent et vous rendra vulnérable. Le moindre virus présent dans l'air s'arrêtera sur votre passage ; alors gare au surmenage !

Juin

Établissez des priorités – c'est un conseil. Vous allez vivre un superbe mois, propice aux engagements sous toutes leurs formes, que ce soit dans le domaine professionnel ou privé. On vous prêtera un charme irrésistible, un sourire éclatant et une forme exceptionnelle ; ce qui vous permettra de servir vos intérêts et vos ambitions. Votre enthousiasme et votre bonne humeur seront contagieux ; c'est excellent !

Cœur. Si vous avez une demande en mariage à faire, c'est le moment ou jamais ! Tous vos souhaits seront exaucés. Célibataire, votre sourire irrésistible et votre nature généreuse vous porteront vers des aventures charnelles qui seront intenses mais de courte durée.

Carrière. Vous devrez continuer à vous battre pour maintenir votre situation professionnelle à flots. Ce ne sera pas facile tous les jours, mais, avec de la pugnacité et de la détermination, vous réussirez à braver les épreuves et à sortir la tête de l'eau.

Forme. Quelle énergie, quel punch, quelle vitalité ! Votre sourire n'a d'égal que votre moral.

Juillet-août

D'une manière générale, vous aurez plus envie de vous reposer que de travailler. L'été sera marqué par des retrouvailles inattendues et presque inespérées avec des amis ou des proches qui ne s'étaient pas manifestés depuis longtemps. Attendez-vous à beaucoup d'émotions ! Vous prendrez la vie avec légèreté. Essayez de garder la tête froide, même si votre cœur s'enflamme, car, en août, vous brûlerez des feux de la passion, inexorablement tenté d'explorer des sentiers inconnus. Belle vitalité !

Cœur. En couple, vous affirmez votre personnalité, et ne vous laissez plus faire. Ce changement brutal pourra ne pas être compris de votre partenaire. Célibataire, à fleur de peau, très émotif, un brin susceptible, vous avez du mal à gérer ce tumulte intérieur.

Carrière. Comme vous serez particulièrement de bonne humeur, vous aurez tendance à voir la vie en rose. Le monde des affaires est plutôt redoutable, alors restez vigilant.

Forme. Réservez-vous des moments en solitaire, prenez des minutes pour vous. Échappez-vous, de temps en temps !

Septembre

Vous ne manquez pas de créativité – que ce soit au travail ou dans le privé –, et vos idéaux se réalisent dans une nouvelle activité ou au contact de l'être aimé. Rien ne peut altérer votre forme époustouflante. Votre charisme et votre regard provoquent des étincelles. Vous êtes porté par un courant positif qui circule dans tous les domaines de votre vie. Et vous conjuguez idéalement travail et rendement, pour pouvoir vous consacrer exclusivement à vos amours.

Cœur. Vous avez envie de partage et de fusion ; ce qui vous confère une attitude réceptive à toute tentative de séduction. Votre couple vibre à l'unisson, dans une même direction. Célibataire, vous êtes en proie à une véritable révolution sensorielle.

Carrière. Vos projets sont en pleine expansion, et vous les réalisez avec précision. Vous prenez des initiatives qui se révèlent positives. Si votre fonction vous demande un bon sens relationnel, vous aurez de grandes satisfactions.

Forme. Reposé, serein, vous aspirez au calme et à l'équilibre, et vous les trouverez dans la pratique régulière de la méditation.

Octobre

Soignez les détails, et relisez bien vos contrats avant de signer en bas de la page. Établissez des règles précises dans votre travail, et faites en sorte de vous y tenir ! Bref, mettez de l'ordre dans vos papiers et dans vos idées. Ne laissez pas traîner des dossiers en retard et ne remettez pas à plus tard ce que vous pouvez faire aujourd'hui. Un grand ménage professionnel est obligatoire, et un peu de discipline s'impose ! Établissez des priorités.

Cœur. Une belle harmonie dans le foyer vous confère une mine épanouie et radieuse. La vie est paisible ; ce qui n'est pas pour vous déplaire. Célibataire, c'est le moment de sortir, ce n'est pas en restant à la maison que vous allez faire des rencontres.

Carrière. Prenez des initiatives, en proposant de nouvelles directions à prendre ou des transformations à effectuer. C'est en montrant vos divers talents que vos supérieurs pourront estimer vos qualités.

Forme. Vous n'aurez pas complètement retrouvé le bon équilibre, alors il vous faudra continuer à prendre soin de vous.

Novembre

Un dynamisme à toute épreuve vous permet d'être, au travail, prêt à dépasser tous vos concurrents par votre talent ! Votre aura est perceptible par les bonnes ondes que vous dégagez. Optimiste et brillant, vous allez faire un malheur dans tous les domaines. Regardez vers l'avenir, du côté du cœur ! Un mal-être rejaillit sur vos amours, et vous aurez tendance à chercher une consolation dans des amours légères et frivoles.

Cœur. Tous vos sens sont en alerte, en quête d'un nouvel amour ou tentés de céder à la tentation à la vue d'une jolie personne. Vous aurez du mal à contenir autant de sensualité, et le coup de foudre est à prévoir, ainsi que quelques déboires pour ceux et celles dont le cœur est déjà pris.

Carrière. Vous entrez dans une phase positive, vos projets sont bénis par les astres, et vous serez surpris des résultats spectaculaires qui découleront de votre travail. Persévérez plus que jamais, et finalisez ce qui est en cours.

Forme. Vous jouissez d'une forme époustouflante et faites preuve de beaucoup d'endurance, malgré un planning chargé et de nombreuses responsabilités.

Décembre

Vous serez en pleine forme, et cette énergie communicative que vous dégagez vous portera vers de nouvelles relations et vous ouvrira des horizons différents. Sourire aux lèvres et moral étincelant, rien ne viendra contrarier votre enthousiasme délirant. Vous entraînerez tout votre entourage dans votre sillage, tant votre magnétisme est puissant. Votre besoin de créer et de vous exprimer cherchera des activités parallèles ludiques ou associatives, pour sortir du train-train quotidien.

Cœur. L'humour et la dérision feront partie de vos techniques de séduction, et cela marchera à merveille. Célibataire, tenez-vous prêt, vous allez faire une rencontre magique qui transformera votre vie. Vous allez partir, cheveux au vent, à la recherche de celui ou de celle qui fera chavirer votre cœur

Carrière. Vous prendrez votre travail à la dilettante, en assurant le minimum syndical et en refusant les heures supplémentaires. Attention à ne pas dilapider toutes vos économies par seul souci de faire plaisir à ceux que vous aimez.

Forme. Votre vitalité dépendra de votre capacité à gérer le stress et à respecter une bonne hygiène de vie.

Comment je ressens
LE VERSEAU

(21 JANVIER – 19 FÉVRIER)
SIGNE D'AIR – PLANÈTE GOUVERNANTE : URANUS

Vous êtes une personne qui se caractérise d'emblée par une volonté farouche d'indépendance. Difficile de vous enfermer dans un carcan social, car vous ne revendiquez aucune appartenance – que ce soit à un culte, à une religion ou même à une personne. Idéaliste et humaniste, vous œuvrez toujours pour le plus grand nombre, sans vous soucier des répercussions de vos actes, qui peuvent être aussi grandioses que marginaux. Vous avez une compréhension très fine des êtres et de l'univers. Mais, paradoxalement, vous êtes aussi extraverti que solitaire, avec un besoin viscéral d'un espace rien que pour vous ; et il faut respecter votre intimité, sous peine de vous voir vous envoler.

Côté mode

En général, vous faites très attention à votre apparence physique – surtout les femmes. On les reconnaît d'emblée à leur tenue impeccable, à leur classe naturelle et mystérieuse, à leur beauté froide et distancée. En effet, le Verseau n'est pas très chaleureux, au premier abord. Vous vous protégez derrière un masque soigné qui ne laisse pas transparaître vos émotions. Néanmoins, votre charme est irrésistible et fait des ravages. Le regard et le sourire d'un Verseau ne s'oublient pas.

Autour de vous

Le Verseau accorde une grande importance à son intérieur, qui est absolument impeccable. C'est un adepte de l'encens et des bougies, des lumières tamisées qui créent une atmosphère propice à la relaxation. On y trouvera souvent des objets et des livres à dimension spirituelle – ainsi qu'une grande collection de musique – qui les emportent vers d'autres dimensions. Dans le cas d'un Verseau contrarié dans sa nature, l'intérieur sera tristement sobre et sans éclat, comme s'il manquait une part de sa personnalité qu'il aurait refoulée.

Bien-être

Vous êtes un hypernerveux qui réagit en fonction de son environnement. Vous avez besoin de calme, de solitude, d'air pur et d'un havre de paix où vous ressourcer. Perfectionniste à l'extrême, vous pourrez souffrir de dépressions chroniques, du fait de votre difficulté à vous adapter au monde qui vous entoure. Votre point faible reste la circulation sanguine. Vous devrez donc avoir une hygiène de vie irréprochable et une alimentation équilibrée, pour être bien dans votre peau. La moindre contrariété provoquera des insomnies que vous aurez beaucoup de mal à gérer.

Amour

Le Verseau est un idéaliste qui érige cette valeur en morale absolue. Fidèle et entier, il pourrait presque oublier ses véritables sentiments, pour servir son sens de l'honneur et ce qu'il estime être « son devoir ». Ainsi, vous pouvez vous sacrifier, même si vous n'êtes pas heureux, pour honorer un contrat de mariage. Vous passez souvent à côté de l'amour, du fait de vos exigences généralement impossibles à atteindre, et d'un sens de la perfection qui vous porte à de multiples déceptions. Vos amours sont alors autant de feux de paille qui se consument rapidement, sitôt que vos repères sont en dissonance avec votre partenaire. Vous devez apprendre à avoir une plus grande confiance en vous, pour pouvoir faire confiance, à votre tour, à la personne de votre vie.

Profession

On vous retrouve dans toutes les professions ayant trait à la justice, à l'humanitaire et à la création. Comme vous excellez dans l'organisation de grands projets, et que vos idées sont originales – bien que souvent irréalisables, car de trop grande envergure –, vous avez le sens du travail et de l'effort ; ce qui vous garantit une bonne assise professionnelle. Sachant utiliser à bon escient vos capacités, vous pourriez faire des merveilles et vous épanouir pleinement dans la voie choisie, et votre charisme sera votre meilleur atout.

Animal de compagnie

Un chien calme à poils longs, comme un setter ou un saint-bernard, mais aussi les chiens de sauvetage. Le cheval élégant et racé ; et le chat, indépendant, artiste à ses heures.

Verseau célèbres

Robbie William, Ashton Kutcher, William Leymergie, Omar Sy, Jennifer Aniston, Paris Hilton, Vianney, Benjamin Biolay.

Pour séduire un Verseau

Son charisme, sa beauté et son charme irrésistible peuvent déstabiliser. Paradoxalement, il est toujours sur la défensive et ne se dévoile pas au premier venu. Il vous faudra déployer des trésors de séduction, fine et subtile, pour le faire craquer.

VOTRE ANNÉE 2023

Ambiance générale

Cette année, vous pourriez vous rapprocher de personnes plus matures que vous, ou d'un ami en qui vous aurez toute confiance. Cette personne saura vous épauler et vous apporter son soutien pour vous permettre de canaliser votre formidable énergie si communicative pour la rendre très constructive. Doté d'une grande intuition, vous saurez flairer les bonnes affaires et vous mettre en valeur dans des projets ambitieux !

MOIS PAR MOIS

Janvier

Je vous sens surexcité, et vous déborderez d'idées lumineuses pour améliorer votre vie. Avec votre charisme, votre séduction innée vous permettra d'accéder au succès dans toutes vos entreprises. Ne mettez quand même pas la barre trop haut, et tenez compte des réalités. Vous pouvez compter sur votre bonne étoile ! On aura du mal à vous suivre, tant vous déborderez d'énergie. Vous prendrez des initiatives et n'hésiterez pas à jouer la carte de l'audace pour arriver à vos fins.

Cœur. Ménagez la jalousie de votre partenaire, qui pourrait se lasser de tous ces regards qui vous dévorent des yeux. À vous les heures délicieuses en amoureux, à refaire le monde ! Votre couple vivra sous le signe de la passion. Et les célibataires seront au diapason.

Carrière. Les rentrées d'argent suivront, et un revirement va s'opérer : ce que vous aurez mijoté pendant des mois se concrétisera, et vous pourrez sortir le champagne pour fêter l'événement. Avec ceux qui vous entourent.

Forme. Vous jouirez d'une belle énergie, et d'une protection immunitaire solide, qui devrait vous permettre d'échapper aux maladies d'origine microbienne.

Février

Même pour faire un jogging, vous appellerez un ami ! La solitude générera des crises d'angoisse ; c'est pourquoi vous ferez en sorte de vous étourdir pour ne pas y succomber. Mais vous serez très doué pour les échanges et la communication. À vous les démarches obstinées pour décrocher un nouveau contrat, les relances de clients ou les négociations délicates. Cette aisance relationnelle va vous ouvrir de nouveaux horizons et vous aider à consolider les liens déjà existants, mais vous aurez besoin d'être entouré pour avoir le moral.

Cœur. Si vous êtes célibataire, réfléchissez bien avant de vous engager dans une relation mitigée ; et, si vous êtes en couple, prenez garde de ne pas éveiller la jalousie de votre partenaire en lui relatant les effets de votre incroyable pouvoir de séduction.

Carrière. Sous des dehors légers et superficiels, vous n'en garderez pas moins la tête froide, et serez intransigeant lors des négociations. Vous pourriez en profiter pour analyser finement les personnalités qui vous entourent.

Forme. Attention à ne pas sortir tous les soirs, car cela aurait un impact sur votre santé générale qui restera fragile.

Mars

Si vous avez trouvé votre voie, elle s'annonce royale ! Et si ce n'est pas encore le cas, vous n'allez pas hésiter bien longtemps. Tout vous réussira, et vous aurez des possibilités énormes d'évolution, avec les gains qui s'y rapportent. On reconnaîtra vos qualités, et vous passerez de l'ombre à la lumière. Cela va vous redonner de

l'énergie et une vraie confiance en vous, et elle sera nécessaire pour réussir dans votre activité !

Cœur. En couple, ne vous laissez pas séduire par le premier ou la première venu(e) sous prétexte qu'il ou elle est à vos pieds. Célibataire, votre extraordinaire pouvoir de séduction fera recette. Vous aurez tous les atouts en main pour séduire la personne qui vous plaît.

Carrière. C'est le moment de saisir les opportunités à la volée ! Votre chance saisie, vous pourrez attendre tranquillement la suite des événements. Après les efforts, le réconfort.

Forme. Pour pallier la fatigue, une cure de vitamines avant l'été vous aidera à tenir le cap.

Avril

Votre carrière va s'élargir par de nouvelles propositions aussi intéressantes que lucratives. Reste à faire le bon choix ! Dès le début du mois, vous mettrez tout en œuvre pour parfaire votre situation professionnelle et rester dans la lumière. Votre créativité sera décuplée ; et votre talent, reconnu par vos pairs. Cela vous rendra vulnérable, alors soyez vigilant afin de faire les choix qui s'imposent. Une nouvelle vitalité s'est emparée de votre personne ; ce qui vous rend furieusement entreprenant et terriblement séduisant.

Cœur. C'est votre susceptibilité qui faussera, parfois, votre jugement, en vous laissant penser que votre partenaire est contre vous ! En couple, vous vivrez sous le signe de la passion. Célibataire, vous ensorcellerez ceux et celles qui vous croisent.

Carrière. Vous serez très sollicité, mais ce ne sera pas une raison pour revendiquer un salaire démesuré ou des avantages excessifs. Vous aurez encore des efforts à fournir pour atteindre la consécration. Un peu de patience !

Forme. Vous ne serez jamais fatigué, et réussirez à recharger vos batteries en surveillant votre hygiène de vie.

Mai

Une belle énergie vous accompagnera et vous aidera à y voir plus clair dans votre vie. Malgré votre hyperactivité, vous afficherez une santé de fer et un moral d'acier. Les douleurs chroniques disparaissent grâce à une hygiène de vie parfaite. Vous resplendissez d'une belle énergie ; bref, vous êtes performant. Et vous devriez avoir une bonne nouvelle financière qui comblera vos attentes, car vous serez énergique et persévérant en affaires.

Cœur. Attention à mettre de l'eau dans votre vin, afin de préserver la belle harmonie de votre couple. En effet, vous pourriez revendiquer, subitement, votre indépendance, et prendre des décisions arbitraires sans consulter votre partenaire ; et il n'appréciera pas ! Célibataire, vous serez d'humeur joyeuse !

Carrière. Si vous êtes à la recherche d'un emploi, vous allez faire les bons choix ! En pleine lancée, je vous vois continuer avec persévérance et enthousiasme, pour vous réaliser pleinement dans le secteur professionnel.

Forme. Vous bénéficierez d'une santé extraordinaire, qu'il ne tiendra qu'à vous de préserver.

Juin

Grand remue-ménage intérieur : changement de mobilier, secrets familiaux révélés au grand jour ou amour officialisé, vive la nouveauté ! La fatigue se fait sentir, malgré votre grande énergie et votre sportivité exemplaire. Il faudrait penser à ne pas travailler, le week-end. Allez courir ou adonnez-vous à un sport, histoire de décompresser ! Et préférez les viandes grillées, les salades et les légumes vapeur pour conserver la ligne.

Cœur. Célibataire, une idylle peut naître d'un regard ; ce sera le moment de tester vos sentiments réels. La vie de couple n'est pas simple tous les jours ! Laissez votre partenaire respirer, et votre relation prendra un second souffle. À vous de jouer.

Carrière. Attention aux activités bénévoles qui ne rempliront pas votre compte en banque ; et, surtout, faites preuve de prudence et de discernement, afin de ne pas surestimer vos possibilités de budget.

Forme. Vous avez besoin de vous dépenser pour libérer le stress, mais n'oubliez pas de bien vous alimenter pour ne pas perdre votre belle énergie.

Juillet-août

Un très bel été en perspective, riche en rencontres professionnelles. Votre carrière va décoller, grâce à une motivation sans faille. Vous ferez l'unanimité, et votre cote de popularité ne cessera de grimper. Avec un tel charisme, vous allez réussir, haut la main, à boucler les projets en cours. Côté cœur, vous dégagerez une telle énergie positive que vous entraînerez tout le monde dans votre sillage. L'été vous conférera une âme de battant, et vous ouvrira les portes de la réussite. Laissez-vous aller au farniente et à l'amour au soleil.

Cœur. En couple, l'harmonie est au rendez-vous ; et, si vous travaillez ensemble, l'entente sera parfaite. Vous pourrez vraiment revivre une lune de miel. Célibataire, votre séduction fait des ravages dans le milieu professionnel ; ce qui n'est pas du goût de tout le monde. Attention à ne pas semer la zizanie !

Carrière. Ne soyez pas trop ambitieux. Le bémol : l'hyperactivité qui vous anime va générer du stress, et il serait souhaitable de prendre des congés quand vous le sentirez. Difficile de vous reposer, car vous ne tenez pas en place.

Forme. Votre forme étincelante est souvent une apparence, car vous n'écoutez pas les besoins de votre corps.

Septembre

La folie travailleuse s'est emparée de votre personne ! Vous bouillonnez d'idées originales et de projets délirants. Avec une créativité exacerbée et un intellect débridé, vous surprendrez vos partenaires par des propositions exemplaires. Votre excellente santé et votre mine radieuse n'auront d'égal que votre moral. Après l'été, corps bronzé et teint hâlé, vous êtes dans une forme époustouflante ; entretenez-la ! Même si vous abordez la rentrée dans un climat survolté, propice à la création.

Cœur. Célibataire, vous envisagez l'avenir à deux, dans l'optique de fonder une famille, car la vie de saltimbanque que vous menez ne vous comble plus entièrement, et vous rêvez de poser vos bagages. En couple, vous redoublez d'attention pour votre partenaire, et il n'est pas insensible à votre séduction.

Carrière. Vérifiez de ne pas vous mettre à découvert plus tôt que prévu. Une opportunité décisive pour votre carrière se présente de manière inattendue, vous changez de direction professionnelle ou vous signez un nouveau contrat.

Forme. Vous pourrez souffrir de petits maux chroniques, mais rien de dramatique. Alternez les siestes et les activités physiques.

Octobre

Votre énergie créatrice est à son apogée. En développant votre imaginaire dans le domaine artistique ou dans une activité intellectuelle qui vous permet d'exploiter toutes vos qualités, vous canaliserez votre énergie afin d'éviter le surmenage. Excessif et enthousiaste, vous allez bien au-delà de vos limites. Essayez d'alléger votre planning, et de ne pas vous épuiser dans des prouesses physiques.

Cœur. Vous pimentez votre couple en organisant des surprises pour votre partenaire. D'humeur gaie et légère, vous profitez de la vie au maximum, avec une curiosité insatiable. Pour les célibataires, je vois la fête tous les soirs ! Les amis sont également à l'honneur.

Carrière. Foncez sans vous retourner. Gardez courage, même si vous passez par des phases difficiles. La fatigue va se faire sentir, mais c'est le moment de mettre les bouchées doubles et de vous dépasser pour atteindre les sommets.

Forme. Vous retrouvez un équilibre physique et nerveux, avec une meilleure résistance aux virus qui passent.

Novembre

Un peu stressé par les heures supplémentaires, votre couple en subit les conséquences, mais cela reste provisoire. La réussite est au rendez-vous ! Vous vous donnez les moyens de réaliser vos ambitions, avec beaucoup de persuasion, un charme irrésistible et un talent que beaucoup vous envient. Votre intelligence tourne à vive allure, et vous promet de belles performances au travail. Reste à éviter les accrochages en famille. Désamorcez la crise, en préparant, à votre partenaire, une belle surprise qui lui rendra le sourire.

Cœur. Vous vous sentez un peu rejeté et incompris. Prenez du repos, et essayez de sortir au moins une soirée par semaine, pour vous changer les idées. Soyez ouvert à un dialogue constructif, en reconnaissant, chacun, vos erreurs. Célibataire, regardez autour de vous !

Carrière. Votre audace à prendre des risques dans le travail est louable, mais il vous faut revenir à des valeurs plus modestes. Doucement et sûrement ! La chance vous sourit en affaires, et vous pouvez espérer de belles rentrées d'argent.

Forme. Le stress et la fatigue étant vos pires ennemis, vous devez absolument alterner une activité physique à visée relaxante et une alimentation équilibrée.

Décembre

Votre énergie bouillonnante pourrait vous créer quelques tensions musculaires, si vous ne tenez pas compte de vos limites. Usez mais n'abusez pas de votre corps... En revanche, vous pourrez boire du champagne au réveillon, pour fêter votre succès et cette nouvelle année hautement prometteuse qui s'annonce pour vous. Vous n'aurez pour seul objectif que celui de plaire – à votre partenaire, à votre employeur, à vos collaborateurs, à vos amis, et même aux voisins et à votre boulangère !

Cœur. En couple, vous prendrez un malin plaisir à exciter la jalousie de votre partenaire. Et les célibataires useront de leur charme. Bref, vous seriez parfait en animateur de soirées, tant vous avez plaisir à parler et à débattre de tous les sujets. Pensez, de temps en temps, à écouter les autres.

Carrière. Même si vous aurez envie de couvrir vos proches de cadeaux et de partir fêter le réveillon dans les îles, remettez vos rêves à plus tard, et restez dans la réalité. Pensez à votre banquier...

Forme. Vous aurez de l'énergie à revendre ! Les soucis s'envolent comme par magie, et le moral remonte en flèche.

Comment je ressens

LES POISSONS

(20 FÉVRIER – 20 MARS)

SIGNE D'EAU – PLANÈTE GOUVERNANTE : NEPTUNE

Vous êtes un être insaisissable, toujours entre deux eaux, avec une difficulté à vous ancrer dans la réalité, surtout lorsqu'elle n'est pas à la mesure de vos aspirations. Spirituel, mystique, vous êtes entre ciel et terre, en quête d'absolu, de fusion avec l'univers. Idéaliste jusqu'à l'extrême, vous subissez de nombreuses déceptions tout au long de votre vie. Doté d'une intuition hors pair, c'est grâce à vos antennes que vous arrivez à vous sortir des situations scabreuses dans lesquelles vous vous enlisez avec la naïveté d'un enfant et le courage d'un titan. Sans cesse, vous devrez aller contre votre nature pour vous adapter au monde qui vous entoure et vous réaliser pleinement.

Côté mode

Vous êtes dans le flou artistique le plus total concernant votre tenue vestimentaire, car vous accordez peu d'importance à l'apparence, tout en aimant séduire. Vous pouvez passer de longues heures devant la glace avant d'être satisfait du résultat. Si vous n'avez pas envie de plaire, vous pourrez alors porter la même tenue toute la semaine, et vous laisser aller totalement. Vous passez, avec une facilité désarmante, du jean-baskets à la tenue de gala.

Autour de vous

Le Poissons est un décorateur-né, qui sait instinctivement marier les formes et les couleurs et créer une ambiance chaleureuse où il fait bon vivre. Vous aimez le jaune soleil, le bleu de l'océan, le vert de la nature, mais aussi le noir des ténèbres. On trouvera, chez un Poissons, de multiples objets ethniques, des bougies et de l'encens, des tableaux surréalistes, des photos et des plantes un peu partout. Le confort est important pour vous ! Et vous préférez les formes rondes et sensuelles qui vous correspondent, comme des poufs marocains ou des sofas posés à même le sol et ornés de coussins multicolores au milieu de tapis indiens.

Bien-être

Vous êtes un hypersensible qui somatise en permanence, et qui a toujours mal quelque part, mais la douleur est réelle. Vous êtes un être dans les excès, qui peut devenir facilement dépendant au tabac, à l'alcool ou à d'autres drogues. Sans un mal-être permanent, vous êtes prédisposé aux crises d'angoisse et à la dépression. Comme le Poissons est un être éperdu d'amour, il est en bonne santé lorsqu'il est bien entouré et en accord avec lui-même. Vos points fragiles restent les pieds et la circulation sanguine.

Amour

Le Poissons est un amoureux de l'amour. C'est pourquoi il passe de bras en bras à la recherche d'un idéal qui n'existe pas. Passionné jusqu'au sacrifice, il aime corps et âme l'objet de son désir sans aucune lucidité. Et, lorsqu'il est trahi ou abandonné, il retombe aussi bas qu'il a pu s'élever ! Par contre, lorsqu'il rencontre la bonne personne, il lui sera dévoué et fidèle jusqu'à la mort. Charismatique, sensuel au regard de braise, il ne lésine pas sur les moyens pour arriver à ses fins. Toute la difficulté est de l'attraper dans ses filets, car le Poissons ne résiste pas aux amours tièdes ; et il peut s'enfuir sans donner d'explications, du jour au lendemain.

Profession

Doté d'un grand sens relationnel et d'une véritable empathie qui le portent à se réaliser dans toutes les professions médicales et sociales, le Poissons est marginal. Vous êtes un artiste de talent ou un grand écrivain ! Votre sens de l'honnêteté et vos combats contre l'injustice font de vous un brillant avocat ou un fervent travailleur dans l'humanitaire. Enfin, vous possédez un amour immodéré pour les enfants, et l'on vous retrouve dans des professions en rapport avec l'enseignement, l'animation ou l'éducation en général.

Animal de compagnie

Un chien artiste comme le beagle, un chien de chasse à l'ouïe fine, et tous les animaux qui détestent entendre crier. Des animaux un peu mystiques, auprès de qui la méditation se révèle facile et jouissive, seront les compagnons et le public idéal du Poissons.

Poissons célèbres

Cindy Crawford, Laeticia Hallyday, Mélanie Laurent, Pete Doherty, Bruce Willis, Pierre Niney, Javier Bardem.

Pour séduire un Poissons

Cette espèce-là ne se laisse pas facilement séduire, malgré son sourire ; ne vous y fiez pas ! Entouré de mystère, il n'est pas facile de rentrer dans son univers, si vous n'y êtes pas invité. Il va vous falloir l'émouvoir pour l'apprivoiser, puis le captiver pour le garder à vos côtés.

VOTRE ANNÉE 2023

Ambiance générale

Cette année, vous devriez émerveiller les gens qui rechercheront, à votre grande surprise, votre compagnie. Votre humanité et votre gentillesse, souvent raillées dans le passé, seront saluées cette année. N'hésitez pas à croire en votre intuition, en votre créativité et en vos rêves. Appuyez-vous sur vos planètes amies pour réaliser vos idéaux et faire émerger à la surface des aptitudes que vous ne soupçonniez pas. Et, si certaines personnes vous trouvaient parfois étrange, c'est le moment de sortir de votre bulle pour rêver à l'abri des mauvais esprits.

MOIS PAR MOIS

Janvier

Vous térpignerez d'impatience, si vous n'obtenez pas assez vite les résultats escomptés dans votre vie professionnelle. Soyez confiant, car votre situation va évoluer rapidement. « Que le meilleur gagne ! » Telle sera votre devise, et vous ferez en sorte que ce soit vous, car vos qualités sont indéniables et, en janvier, vous ne vous laisserez pas disperser. Vous serez, tour à tour, léger et sérieux, et saurez mettre en avant vos atouts. Une main de fer dans un gant de velours – voilà qui devrait vous laisser espérer de beaux jours !

Cœur. Célibataire, vous serez exigeant et ne vous laisserez pas influencer par un simple physique attrayant. Soyez prêt, vous pourriez avoir un vrai coup de cœur, à la fin du mois ! En couple, vous serez indépendant et sûr de vos atouts, pris dans une excitation pleine de sensualité.

Carrière. Vous poursuivrez votre but, sans vous retourner, avec une ténacité remarquable. Votre relationnel vous aidera à construire un projet qui vous tient à cœur et que vous êtes en passe de réaliser.

Forme. Vous n'écouterez pas votre corps, qui s'épuise de nuits trop courtes et d'efforts exagérés.

Février

Je vous ressens avec une pression à son maximum, ce qui provoquera des chutes de tension. Faites preuve de modération dans vos activités, et remettez-vous à une activité sportive en douceur. Ce n'est pas le moment de faire un régime, car vous aurez besoin de carburant. Vous multiplierez les sorties, les déplacements professionnels et les voyages d'agrément tout le mois.

Cœur. En couple, un excès de confiance en vous pourra vous valoir quelques réflexions de la part de votre partenaire, car vous retournerez sans arrêt la situation à votre avantage, en l'accusant de tout ce qui ne va pas. Je vous conseille de revenir à la réalité.

Carrière. En prêchant le faux pour savoir le vrai, en écoutant aux portes et en sachant tirer parti des faiblesses de vos adversaires, vous serez un redoutable stratège dont il faudra se méfier.

Forme. Essayez de mettre en place, dans votre planning ultrachargé, une activité physique à pratiquer avec régularité.

Mars

Votre lucidité vous aide à saisir les bonnes opportunités. Le rythme de travail s'intensifie, mais vous gardez la tête froide. Votre sens relationnel et votre aisance en communication vous ouvriront bien des portes. Vous aurez les moyens de réaliser vos ambitions et d'accéder à un poste plus important, de décrocher

une promotion ou de faire aboutir un projet déjà existant. Quoi qu'il en soit, vos finances sont au beau fixe, et votre moral aussi.

Cœur. En couple, de disputes en réconciliations sur l'oreiller, vous n'allez pas vous ennuyer, mais prenez garde à la susceptibilité de l'autre. Célibataire, vous aurez toutes les chances de faire une heureuse rencontre, si vous sortez un peu. Je vois votre séduction et votre sensualité remporter bien des compliments.

Carrière. Vous serez redoutable pour qui veut prendre votre place ou chercher à vous mettre des bâtons dans les roues, et vous serez un redoutable adversaire ainsi qu'un négociateur performant.

Forme. Fatigué, vous aurez tendance à somatiser à la moindre contrariété. Trop de travail aura raison de votre santé ; alors levez le pied et pensez à vous relaxer !

Avril

Votre caractère bien trempé ainsi que vos indéniables talents vous ouvrent toutes les portes ; vous développerez des projets d'envergure avec une détermination formidable. Vous mettrez toute votre énergie au service de votre travail. Votre imagination tournera à vive allure, et vos idées originales et créatives serviront de nouveaux projets. On vous fera confiance les yeux fermés – tout va bien.

Cœur. Si vous êtes encore célibataire, gardez les yeux bien ouverts, car je vois une rencontre prévisible dans votre milieu professionnel. En couple, vous serez absolument irrésistible, avec un charisme et un pouvoir de séduction que vous utiliserez pour charmer votre partenaire.

Carrière. Enthousiaste et généreux, vous continuez sur votre lancée, en prenant votre carrière en main, sans craindre de prendre des risques pour élargir vos horizons.

Forme. Vous subirez le contrecoup de votre vie trépidante. Petits coups de fatigue et baisse de tonus, qui ne demanderont que du repos pour s'envoler.

Mai

Vous serez sur tous les fronts, avec l'esprit d'un battant qui ne se laisse pas décourager au moindre empêchement. Votre charisme fera de vous un interlocuteur convaincant. Votre enthousiasme sera contagieux ; et votre sourire, irrésistible. Comme vous ne manquerez ni d'énergie ni de motivation pour mener à bien vos affaires, vous pouvez vous attendre à de belles réussites professionnelles.

Cœur. Tout en séduction, vous aurez envie de plaire et de succomber à des aventures passionnées, même si elles sont éphémères. En couple, ce sera une autre affaire. Vous serez beaucoup moins frivole, du fait de nombreuses responsabilités à assumer qui vous occuperont à plein temps.

Carrière. De l'ambition et de la motivation : voilà deux qualités qui vont faciliter la concrétisation de vos projets. Vous aurez des idées originales, mais vous devrez batailler pour convaincre vos collaborateurs.

Forme. Vous serez doté d'une énergie sans pareille, avec une santé de fer et un moral d'acier.

Juin

Rassurez-vous, les difficultés de ces derniers temps vont s'estomper, et vous allez pouvoir de nouveau compter sur la chance pour réaliser vos projets et aller de l'avant. De l'éclat, du charisme et de la chance vont servir vos ambitions les plus intimes. Votre carrière va prendre un nouvel essor ; votre relationnel, s'élargir ; et vos amours se vivront sous le signe de la passion.

Cœur. Si vous êtes célibataire, votre relationnel sera très riche, et vous multiplierez les rencontres, qui pourront déboucher sur de nouvelles relations très intéressantes. En couple, vous pourrez compter sur votre partenaire qui restera à vos côtés quoi qu'il se passe.

Carrière. Vous ne saurez plus où donner de la tête, tant vous allez crouler sous les propositions, toutes plus alléchantes les unes que les autres. Votre confiance en vos capacités sera rehaussée par les compliments de vos supérieurs.

Forme. Profitez des beaux jours pour reprendre une activité physique, ne serait-ce qu'une promenade le soir après dîner ou un petit tour à vélo pour vous aérer.

Juillet-août

L'été sera propice à la création, à l'élaboration de projets audacieux. Votre imaginaire débordant vous prodigue mille idées à la seconde, jusqu'à vous étourdir et vous faire perdre la tête. Et vous serez plus enclin à alterner vacances et travail, plutôt que de partir, car vous n'arrivez pas à laisser votre vie professionnelle de côté, même si vous rêvez d'une plage de sable fin où vous pourriez vous prélasser sans culpabilité. Ne soyez pas inquiet de laisser quelques dossiers en attente, et exercez votre énergie et votre créativité débordante à prendre du bon temps.

Cœur. En couple : je vois une remise en question. L'humeur n'est pas aux concessions, et vous n'arrivez pas à lui faire entendre raison.

Célibataire : vous serez tenté par l'ivresse d'une aventure insolite qui aura le mérite de vous faire rêver, à défaut de vous ancrer dans la réalité.

Carrière. Vos préoccupations seront financières. Vous essaierez de faire rentrer de l'argent pour assurer vos arrières. Vous chercherez également à évoluer au sein de votre entreprise ou à créer votre propre structure.

Forme. Retrouvez le plaisir de faire votre marché, surtout en vacances où les fruits et légumes de saison vous réjouiront.

Septembre

Votre rythme est intense, et votre intellect tourne à plein régime. Ainsi, vous tirez les leçons des erreurs du passé, en investissant sur l'avenir. Doucement mais sûrement, vous équilibrez votre budget, car vous aspirez à plus de sérénité. Vous limitez les dépenses et ne vous laissez pas aller à la tentation, si ce n'est pas nécessaire. Un retard de paiement pourra vous contrarier, ou un prêt qui ne vous est pas remboursé. Ce n'est qu'une question de délai. Votre nouvelle sagesse est bénéfique pour votre santé.

Cœur. Vous réussissez à concilier vie professionnelle et vie privée sans aucun souci, et votre conjoint n'a d'yeux que pour vous, car vous avez l'art de charmer l'autre. Célibataire, il y a de l'amour dans l'air ; restez ouvert et osez montrer vos sentiments !

Carrière. Les opportunités se multiplient, les projets en cours se concrétisent, et les contrats se signent avec une facilité déconcertante. Ne prenez pas la grosse tête pour autant ! Vous menez votre carrière d'une main de maître.

Forme. Vous avez du mal à lâcher prise. Il faudrait débrancher !

Octobre

Relativisez ! Votre vie professionnelle va vous procurer de grandes satisfactions, ainsi qu'une activité intellectuelle enrichissante. Aussi, continuez sur votre lancée, en tenant compte des erreurs du passé. Avec une forme optimale, vous conciliez vie privée et vie professionnelle avec la dextérité d'un chef d'orchestre ; soyez simplement attentif à vos finances, car vous aurez une tendance maladive à la dépense !

Cœur. Organisez une petite soirée en amoureux, et sortez le grand jeu ; vous allez voir, ça marche ! Faites des concessions dans le couple, pour conserver l'harmonie. Et soyez plus à l'écoute des envies de votre partenaire. Célibataire, remettez-vous en question.

Carrière. Ne vous dispersez pas ! Mieux vaut privilégier l'entente au travail, car, le jour où vous aurez besoin d'aide, vous serez content d'avoir des alliés à vos côtés.

Forme. Votre vie trépidante atteint ses limites, et le stress pourrait vous empêcher de dormir. Ralentissez la cadence.

Novembre

Réservez-vous des moments de pause et de relaxation pour récupérer. C'est indispensable, il en va de votre santé. Vos élans, vos démarches et vos efforts seront récompensés dans votre travail. Côté finances, soyez très vigilant ; cependant, je ne vois pas de nuages dans le ciel de vos affaires, qui se déroulent plutôt correctement, vous apportant une stabilité financière et la possibilité d'exprimer vos compétences.

Cœur. Très entreprenant, vous saurez réveiller votre partenaire par votre fougue. Si vous êtes célibataire, vous aurez tendance à papillonner sans trop vous engager, et à tester votre pouvoir de séduction à tout moment. Attention : pris dans un tourbillon d'ivresse et de sentiments, vous en oubliez de dormir.

Carrière. Parfois, il vaut mieux rester discret. La fatigue vous guette, créant des perturbations passagères dans le travail, car vous n'êtes pas toujours au meilleur de votre forme. Les dossiers avancent, malgré tout.

Forme. Soignez particulièrement votre alimentation en limitant les excitants et, surtout, privilégiez de longues nuits de sommeil pour récupérer.

Décembre

Vous serez prêt à tout pour grimper les échelons et obtenir une promotion. Avec du brio, de l'énergie et du courage, vous voilà parti à conquérir le monde, muni de votre talent et de votre sens de la persuasion. Que le meilleur gagne ! Et vous avez bien l'intention que ce soit vous. Restez vigilant et cohérent dans vos propos, car vous aurez un choix de premier ordre à effectuer, qui pourra redonner de l'essor à votre carrière. Mais ce mois de fêtes vous rend joyeux et de bonne humeur ; ce qui retentira positivement sur votre santé générale.

Cœur. Votre charme a des effets troublants sur votre entourage. Alors ne vous étonnez pas si une personne que vous côtoyez depuis longtemps se languit éperdument pour vos beaux yeux et vous déclare sa flamme. Je vous vois mener, dans l'harmonie, votre vie de famille et votre vie de couple avec virtuosité.

Carrière. La fin du mois risque d'être hasardeuse côté finances, car vous n'avez pas l'âme d'une fourmi. À dépenser sans compter, c'est le découvert assuré, qu'il vous faudra combler dans les plus brefs délais ; faites attention !

Forme. Soignez votre hygiène de vie, et votre forme sera garantie. Vous saurez intuitivement ce qui est bon pour vous.

3

VOYANTS & MÉDIUMS

J'ai souhaité compléter *Que se passera-t-il en 2023 ?* par des thématiques mettant à l'honneur mes supports de clairvoyance et les arts divinatoires qui m'inspirent. En l'occurrence : les lignes de la main, le marc de café, les heures miroirs, les numéros porte-bonheur selon son signe astrologique.

J'ai aussi souhaité la mise en avant des talents des voyant(e)s et médiums qui sont à l'honneur régulièrement sur ma plateforme, ma Web TV et mon magazine *MCV Voyance*. Je vous invite donc à découvrir la clairaudience de Gina Chalupniak, avec ce que révèle la portée de la voix ; la méthode Ho'oponopono de Sarah Slepon, afin de s'élever vers la spiritualité et le bien-être ; l'art divinatoire des cauris, avec Claude-Hervé Médium pour en apprendre leur lecture.

Suivez-moi dans ce déroulé sur l'avenir de l'année 2023, votre avenir, au travers des flashs et voyances de ceux et celles qui font, entre autres, le succès, à mes côtés, de LCV.

À retrouver sur : www.claudealexis.tv.

LA CHIROMANCIE

« Tout se lit dans les mains. »

Les mains parlent ! Grâce à la chiromancie – qui consiste à lire l'avenir dans les lignes de la main ! De mes origines gitanes, je vous livre mon ressenti et mes conseils, pour animer vos dîners et soirées.

Il était une fois la chiromancie… « Dieu inscrivit des signes et des sceaux dans les mains de tous les fils des hommes, pour que ceux-ci puissent connaître leurs tâches », dit-on. Qu'est-ce que la chiromancie, ou chirologie ? « L'art de la divination pratiquée par l'interprétation des lignes de la main et l'examen de la forme des doigts », nous raconte Claude Alexis, imprégné de cette science ancienne, qui remonte encore plus loin que l'Antiquité. Elle était pratiquée en Chine et en Inde, et se veut une science indiscutable. Pour beaucoup d'entre nous, la chiromancie – du grec *kheir* (« main ») et *mantis* (« devin ») – renvoie aux diseuses de bonne aventure, illustrées par les gitanes aux oreilles cerclées d'or. « Si tu veux connaître ton avenir, donne-moi ta main… » C'est l'une des plus anciennes techniques ne nécessitant aucun autre matériel que la main gauche du consultant. Le voyant prend votre main, l'examine et, suivant les traces inscrites, leur emplacement, leur longueur, il interprète ce qu'il va se passer dans votre vie. Ainsi, notre avenir serait inscrit, dès notre naissance, au travers des sillons et autres signes symboliques.

Nos mains nous parlent vraiment. Elles s'activent tout au long de la journée, et font passer notre potentiel énergétique. Les étudier nous apporte la signification de ce que nous sommes. Elles sont riches de symboles et de ces fameuses lignes, témoins de notre passé et de notre avenir. C'est troublant, même pour le voyant que je suis. Mon rôle est de l'associer aux flashs que je ressens, pour donner les meilleurs conseils, afin d'aider le consultant à gérer son destin – inscrit dans sa main !

La forme des mains révèle notre personnalité. La forme et les proportions des mains, ainsi que des doigts, nous en apprennent beaucoup sur une personne. Exercez-vous à observer les mains de vos amis ou de votre famille ! Elles racontent ce qu'ils sont. Pour cette raison, j'aime associer la chiromancie à la chirognomonie – qui est l'art de connaître le caractère, le tempérament, les défauts, les qualités, les tendances de l'intelligence par la forme et l'aspect de la main.

Exemples. Si la main est épaisse et que la longueur des doigts est plus courte que la paume, c'est le signe d'une nature instinctive et rebelle. Si elle est longue et fine, et que les doigts sont longs et ressemblent à la forme d'un pinceau, voilà une main d'artiste. Longue et étroite, en forme de pyramide : signes de sensibilité. Les ongles se relevant vers l'extérieur désignent un chef de bande. La main grosse, large, avec une paume osseuse est présente chez les personnes en rapport avec la religion et la croyance. Les prêtres sont souvent dotés de ces formes un peu rares. Ce pourrait être également d'excellents magnétiseurs ! J'ai déjà rencontré ce type de mains, et averti la personne du don qu'elle possédait. Mais soyez toujours prudent dans l'interprétation que vous donnez.

L'avenir par les lignes de la main fait partie des voyances les plus anciennes. Comme le marc de café. Le monde des gitans – que je connais bien – pratique cette voyance, qui se révèle ô combien juste ! On dit que les yeux parlent, mais les mains encore plus. Sachant que les événements seront différents d'une personne à une autre, tout comme sa destinée. Là intervient la voyance. Je fais de la voyance directe, avant tout ! Ensuite, j'utilise mon propre jeu de cartes – *Entre vous et nous* – que j'ai créé. J'associe les lignes de la main, quand je veux approfondir un sujet sur lequel je suis en hésitation. Quand une femme souhaite un enfant et que cela reste flou dans ma vision, en prenant sa main et en interprétant sa ligne de vie et sa ligne de tête, il devient évident de savoir si cette personne donnera la vie, ou non ! Et, selon la longueur des lignes, j'arrive à déterminer la durée dans le temps.

Mes conseils. Toute personne est capable de prédire le destin, à partir de l'examen des mains qu'on lui montre. Lire les lignes de la main ne s'apprend pas. À l'aide d'un livre bien conçu, tout le monde peut, effectivement, dire des choses sans aucune expérience, mais cela reste succinct. Rien à voir avec une personne qui possède un don pour développer ses visions et son ressenti, en tenant la main d'une autre personne. Je conseille de présenter la main gauche, plus sensible au futur et au passé. C'est la main côté cœur. Réceptacle de la sensibilité et de toutes les émotions. Et si l'on commence à vous dire que vous aurez une longue vie, stoppez tout ! Ce n'est pas inscrit dans les lignes de la main. Interpréter les lignes de la main consiste à aller en profondeur de l'intime. Une vie longue, ou courte, n'y figure pas. Mes propres mains parlent aussi, je m'en suis rendu compte à plusieurs étapes de ma vie. Elles me donnent les grandes lignes. Mais il faut savoir que, si les lignes tracées restent, les mains changent avec le temps et dévoilent d'autres choses importantes. Je conseille à toutes les personnes d'essayer, une fois dans leur vie, de faire une voyance par les lignes de la main. Elles seront étonnées des révélations inscrites. Choisissez une personne douée !

Explication des principales lignes de la main

Ligne de vie : entre le pouce et le doigt de Jupiter, à la base du mont de Vénus

Elle montre les événements marquants et les périodes difficiles de la vie, les pépins de santé à affronter. Fine et nette : bonne vitalité. Ligne large : puissance musculaire, mais système nerveux fébrile. Le début de la ligne décrit l'enfance (un départ en épi signale sa difficulté) ; et sa terminaison, ce qui va arriver à la fin de la vie (forte : signe de bonne santé ; faible : l'énergie subira une interruption). Sachez que, si la ligne est courte, cela ne signifie pas une disparition prématurée.

Ligne de cœur : sous le mont de Mercure jusqu'au mont de Saturne ou de Jupiter

Elle décrit l'intensité émotionnelle et la capacité à aimer les autres. Nette et bien marquée, elle indique une enfance heureuse. Avec un commencement en épi (innombrables petites lignes) : l'enfance a été émotionnellement difficile. Longue et finissant sous le mont de Jupiter : idéalisme amoureux, propice aux déceptions. Droite : la pensée contrôle les émotions. Absente : insensibilité totale. La ligne de cœur normale est doucement arquée et indique une capacité à satisfaire les besoins des autres et les siens propres.

Ligne de tête : traverse la paume de la main entre les lignes de cœur et de vie, jusqu'au mont de la Lune

Elle décrit le degré d'intelligence, la manière de penser et la capacité à transmettre ses idées. Fine et profonde, elle détermine l'intelligence et l'esprit vif. Large, une tendance à la superficialité. Très droite, réalisme. Sa pâleur traduit une lenteur d'esprit. Très rouge, une activité intellectuelle intense. Lorsque le départ de la ligne de tête est commun à celui de la ligne de vie : hypersensibilité, émotivité, susceptibilité. Bien séparé de la ligne de vie : vive intelligence, rapidité dans le raisonnement, courage, sang-froid, audace et confiance en soi.

Ligne de destin : de la base de la paume de la main jusqu'au mont de Saturne

Verticale, elle s'avère être l'une des plus fascinantes, car elle annonce la voie de la vie – avec ses hauts et ses bas. Si elle est bien marquée et part du poignet, la chance et le succès seront au rendez-vous. Le départ du mont de la Lune indique une forte personnalité, apte à une belle carrière. Du centre de la main, la réussite sera longue à obtenir. Son arrivée à la ligne de tête induit une faiblesse psychologique ; à la ligne de cœur, trop d'émotion. Dans les deux cas : des obstacles au succès et à la réussite.

Une seule croix sur le mont de Vénus : un amour pour la vie. Plusieurs croix : une vie amoureuse variée.

« J'adore cet art divinatoire, car il dévoile beaucoup de l'être humain. »

LA CAFÉDOMANCIE

« Tout se lit dans le marc de café. »

Et si le futur se dévoilait au travers de multiples arabesques, laissées par des traces de café au fond de votre tasse ?

Il était une fois la cafédomancie… Cette ancienne méthode, originaire des pays des *Mille et Une Nuits*, est l'une des plus répandues. Elle est également très simple à réaliser. **Pour utiliser cette technique, il suffit d'avoir du café moulu fin et une tasse de café.** Après avoir bu votre café, retournez la tasse à l'aide de la sous-tasse en laissant le marc s'écouler sur ses parois, ce qui laissera apparaître des messages à travers des dessins du marc de café. L'art de cette divination m'inspire, parce qu'elle est accessible à tout le monde, et parce que je suis un grand amateur de café corsé ! Profondément imprégné de cette science – l'une des plus anciennes –, qui remonte aux origines égyptiennes, perses, et turques, sa senteur lors de sa pratique dégage une odeur qui ne peut laisser personne indifférent ; j'adore.

La découverte du café en Europe date de la fin du XVIe siècle, mais cette pratique divinatoire aurait été développée en Italie par un mage florentin et astrologue : Tomaso Tamponelli.

Ainsi, notre avenir serait inscrit, au travers des sillons et autres signes symboliques.

Un art divinatoire d'excellence. Dans notre famille, nous sommes des grands consommateurs de café. En particulier, ma grand-mère, qui n'est plus parmi nous. C'était sa boisson préférée, du matin au soir. Depuis mon enfance, je regardais toujours dans les fonds de tasse de chacun. À travers des symboles et des dessins, j'imaginais un avenir pour chacun d'entre eux. Et, souvent, cela se révélait exact.

Les dessins et autres signes symboliques. Lorsque je vois une trace noire dans la tasse, je l'interprète comme une route. Un oiseau, pour moi, signifie une bonne nouvelle ! Je vois des visages, des chiffres, des montagnes. Des objets et des lignes. Il n'est pas besoin de voir absolument un animal pour prédire l'avenir avec le marc de café. Que ce soit au fond ou sur les parois de la tasse, il suffit de bien regarder et d'analyser en se concentrant.

Un support à utiliser lors de consultations privées. On me le demande souvent, car c'est une vraie réussite lors des émissions en direct sur LCV. Alors, il m'arrive d'accepter de le faire en consultation privée. D'autant que l'animatrice, présente à mes côtés durant l'émission, ou bien la personne qui vient consulter, constate la véracité des dessins et symboles inscrits au fond de la tasse ; c'est troublant.

Mes conseils. Toute personne est-elle capable de prédire le destin à partir d'une simple lecture dans le marc de café ? La personne qui apprend les symboles basiques liés au savoir et à l'expression de la cafédomancie peut en donner une simple interprétation, certainement. L'imagination aidant, elle trouvera toujours un mot, une réflexion, une déduction à donner, et sera persuadée de lire l'avenir dans le marc de café. Cela restera un moment ludique qui comblera les amateurs de café et de belles histoires mystérieuses. Mais, à mon sens, seul un professionnel des arts divinatoires, avec son expérience, ses ressentis et ses fulgurances, réussira à interpréter les symboles de façon visionnaire, et à prédire l'avenir qui en découle. Je dirais à quiconque n'ayant jamais consulté un voyant ou une voyante spécialistes de ce support d'essayer au moins une fois dans sa vie ! Il, ou elle, sera réellement étonné(e). Car lire l'avenir avec la propre tasse de la personne qui déguste son café, c'est être au rendez-vous d'énergies qu'il, ou elle, dégage dans sa tasse au moment où le breuvage est consommé. Tout se projette dans la tasse et s'imprègne. Reste, ensuite, à déchiffrer !

Que dit ma propre tasse après que j'ai dégusté mon café du matin ? De la bonne humeur ! Ma propre tasse, chaque jour, me donne le plaisir d'être en vie et de pratiquer mon métier avec toujours autant de passion. La lecture de l'avenir dans le marc de café est considérée comme une technique généraliste qui permet de prédire le futur d'une personne. Elle donne accès à des événements importants – passés, présents, ou encore à venir. Lorsque le médium qui utilise cette technique est doué, il arrive à vous révéler des détails qui marqueront votre vie dans un futur proche ou lointain. Beaucoup seront surpris des résultats de cette technique !

Mode d'emploi pour préparer le café à la turque

Cette technique, empreinte de simplicité, permet une belle convivialité autour d'une tasse de café, un moment ludique et précieux où l'on bavarde et échange des opinions.

1. Faites bouillir une cuillère à café de café moulu fin, du sucre (si vous aimez le café sucré), et une demi-tasse d'eau. À l'ébullition, versez le tout dans une tasse à fond blanc.

2. Attendez que le marc repose, puis buvez votre café en pensant à la question que vous souhaitez poser.

3. Une fois le café bu, vous verrez qu'il reste le marc au fond. Mettez votre soucoupe sur la tasse et retournez le tout ; attendez trois minutes, puis déposez votre tasse sur une feuille de papier essuie-tout afin qu'elle égoutte. Une fois qu'elle est sèche, retournez de nouveau la tasse à l'endroit.

Lecture des symboles

Lorsque le médium vous lit le marc de café, il le fait grâce à la découverte de symboles. Ce sont, par exemple, des animaux : abeilles, aigles, chiens, poules ou éléphants. Parfois, des lignes, des boules ou des lettres. La façon dont le marc de café bouge dans la tasse peut signifier un grand changement dans votre vie. La couleur est aussi signe d'un événement de votre vie. Tous les aspects et signes seront interprétés par le médium.

Interprétation des figures

Lorsque traces, objets, dessins d'animaux apparaissent, pour bien comprendre les signes de votre tasse, laissez libre cours à votre imagination et à votre sensibilité. Le bord de la tasse représente l'avenir lointain, les voyages et les surprises. Le fond de la tasse symbolise l'amour et les sentiments. Les dessins dans le blanc correspondent au passé ; les figures pleines et noires sont utilisées pour prédire l'avenir et répondre à la divination.

Voici quelques signes de prédiction et leur signification.

Animaux

Chien : fidélité

Chat : trahison

Serpent : maladie

Cigogne : naissance

Oiseau : nouvelle

Colombe : rencontre amoureuse

Canard : rentrée d'argent

Escargot : déménagement

Aigle : triomphe

Objets

Anneau : mariage

Fleurs : réalisation de vœux

Cœur : amour

Ciseaux : rupture

Avion : voyage par les airs

Bateau : voyage par la mer

Fer à cheval : chance

Signes

Lignes horizontales : blocage

Carrés : bonheur

Bulles : rentrées financières

Croix : décès

Triangle : héritage

Couronne : récompense

Les vertus d'un breuvage ancestral et mythique

Lorsqu'une personne boit un café, elle imprègne sa tasse de ses pensées... Pour de nombreuses personnes, une bonne dose de café est nécessaire pour démarrer la journée. C'est un rituel quotidien qui permet d'être réactif et éveillé tout au long de la journée. **Selon une étude récente chinoise, le café permet de rester en bonne santé ; alors inutile s'en priver.** Dans la Grèce antique et la Perse, une pression était exercée avec l'index au fond de la tasse de café, suivie de la formulation d'un vœu. Lorsqu'un cercle apparaissait, le vœu se réalisait assurément. Faites de même !

« Tout est symbole ! J'adore cet art divinatoire, car il nous parle comme un livre ouvert. »

LES HEURES MIROIRS

« À l'instant t, tout s'aligne ! »

Suspendus à notre regard, les mêmes chiffres se démultiplient pour nous donner l'heure. Symbole, annonce, superstition... Le cerveau enregistre un message qui disparaîtra la minute suivante, car tout est une question de minutes, d'heures, de secondes et d'horloge.

Les heures miroirs sont des heures significatives. Il faut faire très attention ! Car chaque heure est un signe envoyé par nos anges gardiens. Soit l'heure miroir est bénéfique pour faire un vœu et exprimer ce que l'on souhaite, soit l'heure miroir annonce prudence et réflexion.

En fait, dès qu'il est question de chiffres et de nombres, tout se rapporte à la numérologie ! Ainsi, 2 : 22 représente (par addition) le 6, ce qui n'est pas forcément signe de bon augure, et plutôt l'avertissement d'une rupture prochaine ou la fin de quelque chose. En revanche, 1 : 11 est excellent pour faire un souhait, envisager la réalisation d'un projet ou d'une signature importante.

Sachez que l'heure miroir arrive 24 fois par jour, et uniquement une fois par heure.

Rien n'est hasard ! Si nos yeux rencontrent l'une des heures miroirs – heures et minutes semblables –, ce n'est pas pour rien. Surtout, n'éteignez pas votre Smartphone, ne détournez pas le regard de l'horloge accrochée dans l'entrée, ne fixez pas votre réveil avec un signe d'incompréhension en plein milieu de la nuit... Tout a un sens et une signification.

Les heures miroirs sont là pour nous transmettre des messages angéliques.

La légende raconte que ce sont les reflets lumineux émis par les heures sur les minutes qui les feraient devenir jumelles. En fait, l'explication est autre, et combien ésotérique. Les alignements des chiffres sont des messages transmis par les anges gardiens aux êtres humains. Les anges nous envoient des signes et des indices. Si nous pouvons (parfois ou souvent) avoir l'impression que nous sommes seuls, en réalité, nos guides spirituels (ou anges) communiquent avec nous grâce à des signes.

Voici mes conseils pour bien interpréter les messages correspondant à chacune des vingt-quatre heures miroirs que l'on rencontre pendant le jour et la nuit.

00 : 00 : vous êtes à un point de départ, un choix s'impose à vous, ne le fuyez pas et osez vous affirmer. Exprimez-vous !

01 : 01 : vous êtes dans une grande solitude, ou une personne qui vous aime s'impose à vous. Soyez réceptif ou allez à la recherche de votre âme sœur.

02 : 02 : un secret vous entoure, on vous cache des choses que vous devez légitimement connaître. Ne subissez pas, cherchez la vérité.

03:03: une personne de votre entourage essaie de vous envahir, psychologiquement et physiquement. Prenez de la distance.

04:04: un événement important va venir bousculer votre vie. Ne craignez pas le changement, il sera salvateur. Et, si ce n'est pas le cas, affrontez-le pour mieux vous en libérer.

05:05: on vous aime ! Alors, regardez autour de vous, et soyez ouvert au sentiment amoureux.

06:06: vous êtes trop omniprésent dans la vie de quelqu'un. Lâchez du lest et essayez de comprendre pourquoi cela vous est indispensable.

07:07: une personne qui vous est chère aimerait attirer votre attention. Regardez autour de vous, et ne faites pas attention seulement à son physique mais à son âme.

08:08: tout le monde ne vous aime pas ! Vous pensiez être entouré de bienveillance, ce n'est pas le cas ; ciblez votre entourage professionnel et réagissez.

09:09: un ami vous veut du bien, et cela réconforte de se savoir bien entouré et aidé. Faites confiance à l'amitié.

10:10: c'est le coup de foudre ! Les chiffres sont alignés, et les cœurs aussi. Si vous êtes à la recherche de l'amour, ouvrez l'œil.

11:11: attention, votre cœur risque d'être écorché ! Ne confondez pas amour et passion, sinon vous risquez de souffrir.

12:12: c'est la belle heure. Un alignement idéal qui répond à tous vos souhaits ; ne vous privez pas.

13:13: ce sont les bons chiffres, ceux qui répondent à tous les vœux. Choisissez-en un seul, et il se réalisera !

14:14: l'échec peut être au rendez-vous ! Ne baissez pas les bras, et retentez ce qui a échoué ; la victoire en sortira.

15:15: un ancien amour revient dans votre vie, et va tenter de vous séduire à nouveau. Et pourquoi pas ? Laissez-vous faire.

16:16: une personne proche de vous, lumineuse et délicate, brûle d'amour pour vous. Ne refusez pas ce que la vie vous offre.

17 : 17 : soit c'est le bon moment pour vous faire valoir, soit vous allez vers des conflits. Attention, prudence dans vos paroles et dans vos actes.

18 : 18 : votre vœu le plus cher sera exaucé, c'est la bonne heure !

19 : 19 : il va vous falloir de la patience pour arriver à vos fins. Ne brusquez rien, attendez votre heure, et ce n'est pas celle-là.

20 : 20 : on pense à vous ! Avec force et sentiments. Lâchez prise et laissez-vous porter par la bienveillance des anges.

21 : 21 : chance et réussite sont auprès de vous. La roue tourne en votre faveur, et les chiffres confirment.

22 : 22 : une nouvelle vous arrive, qui va changer votre vie et vous amener vers d'autres horizons. Soyez prêt !

23 : 23 : votre cœur peut battre la chamade ; vous êtes aimé et vous aimez. Tout est possible, c'est le début de l'engagement, du couple, des fondations d'une famille.

Les heures miroirs font appel à notre subconscient en recherche de réponses, afin de recevoir des messages.

Soyez attentif et ouvert à ce que le ciel vous envoie. Ayez confiance, les chiffres ne trompent pas ! Et, s'ils s'alignent, c'est pour mieux vous convaincre de la force et de la puissance des messages qu'ils souhaitent vous transmettre.

Les signes des anges sont là pour apporter les forces protectrices nécessaires dans toutes les étapes de votre vie. Et, surtout, pour vous montrer que vous n'êtes pas seul et impuissant face à l'univers et à votre destin.

Nous sommes entourés d'anges, alors regardons montres et horloges, et écoutons ce qu'elles ont à nous dire !

« Rien n'est plus puissant qu'une idée dont l'heure est venue. »

Victor Hugo

LES NUMÉROS PORTE-BONHEUR DE VOTRE SIGNE ZODIACAL

« Dis-moi ton signe, je te donnerai ton chiffre de chance. »

Êtes-vous toujours perdant, aux jeux de hasard ? Avez-vous tendance à cumuler les déceptions amicales et amoureuses ? Il se peut que vous n'exploitiez pas à votre avantage la puissance des chiffres porte-bonheur de votre signe au jour de votre naissance.

Les connaître, c'est optimiser vos dates de rendez-vous professionnels ou amoureux, remplir en conscience vos grilles de jeux, et laisser entrer la magie dans votre vie... Voici mon analyse de médium sur les chiffres de chance de votre signe pour attirer le bonheur dans votre vie, tout en exploitant les qualités que les bonnes fées du zodiaque vous ont offertes à la naissance.

BÉLIER

Numéros porte-bonheur : 5, 8, 16, 24, 27, 37, 38, 43, 50, 51

Les Bélier sont chanceux par nature, dans les domaines du travail, du sport, ou dans leurs activités de loisirs. Ils sont intelligents, motivés, voire un peu trop honnêtes, ce qui peut leur jouer des tours. Grâce à leur caractère et à leur détermination, ils sont prédestinés à bien gagner leur vie. La chance qui les accompagne est due à leur forte personnalité, à leur témérité, plutôt qu'au destin. Courageux et téméraires, ils vont au bout de leurs idées, et, lorsqu'ils s'engagent pour une cause, rien ne peut les faire revenir en arrière.

Symboles et couleurs porte-bonheur : l'héliotrope et tout objet fabriqué avec du jaspe rouge. Leur couleur de prédilection est le rouge.

Jour faste : le mardi.

TAUREAU

Numéros porte-bonheur : 4, 5, 8, 10, 11, 22, 23, 34, 37, 45, 46

Les Taureau n'ont pas spécialement de chance en amour. Ils rencontrent généralement beaucoup d'obstacles avant d'arriver à leurs fins. Ils se sentent donc moins chanceux que les autres, mais le fait qu'ils ne baissent pas les bras et qu'ils soient prêts à se battre pour dépasser les obstacles de la vie fait qu'ils s'en sortent plutôt bien, quelles que soient les circonstances. Fidèles, loyaux et droits, avec un sens de la famille surdéveloppé, ils peuvent compter sur leurs proches pour trouver l'équilibre.

Symboles et couleurs porte-bonheur : l'émeraude et les couleurs de la nature, le vert et le brun.

Jour faste : le vendredi.

GÉMEAUX

Numéros porte-bonheur : 6, 9, 11, 19, 25, 34, 35, 47, 60

Les personnes nées sous le signe des Gémeaux ne sont pas vraiment parmi les plus chanceuses du zodiaque. Toutefois, elles restent fortes, curieuses, passionnées et motivées pour apprendre et découvrir dans tous les domaines. Leurs amitiés sont chaotiques, car elles ont la critique facile, et cela peut faire fuir les cœurs trop sensibles. Néanmoins, leur créativité et leur joie de vivre les portent vers des horizons heureux, et leur ténacité compense ce manque de chance sur leur chemin.

Symboles et couleurs porte-bonheur : les objets fabriqués avec la topaze augmentent leurs chances. Leurs couleurs de prédilection sont le gris et le bleu turquoise.

Jour faste : le mercredi.

CANCER

Numéros porte-bonheur : 3, 4, 7, 8, 10, 21, 28, 29, 31, 47, 48, 50

Les Cancer, calmes et aimants, entretiennent de belles relations familiales et amicales. Ils sont dans le top 3 des signes les plus chanceux. Cela ne veut pas dire que la vie ne leur joue pas des tours et qu'ils ne rencontrent pas de difficultés, mais leur instinct leur permet toujours de prendre la bonne direction, afin de suivre leur voie comme ils le souhaitent. Ils sont sensibles et à l'écoute. Leur bonne étoile les protège, et, s'ils provoquent la chance, celle-ci leur sourira…

Symboles et couleurs porte-bonheur : le métal argent. Leurs couleurs de prédilection sont le blanc, l'argent, le noir et le bleu.

Jour faste : le lundi.

LION

Numéros porte-bonheur : 1, 2, 3, 4, 17, 18, 37, 44

Les personnes du signe du Lion possèdent un caractère fort et imposant. Sages et déterminés, ils n'ont pas vraiment besoin de chance pour réussir dans leur vie. Ils sont, en réalité, maîtres de la situation et de leur destin, qu'ils sculptent comme ils le veulent. Si vous êtes né sous ce signe, oubliez les porte-bonheur, car vous n'en avez pas tellement besoin !

Symboles et couleurs porte-bonheur : les objets fabriqués avec de l'or, le diamant jaune ou l'ambre, de même que les couleurs jaune et orange.

Jour faste : le dimanche.

VIERGE

Numéros porte-bonheur : 4, 9, 16, 17, 22, 26, 38, 41

Vierge, la chance n'est pratiquement jamais de votre côté, mais vous en avez l'habitude. Votre force et votre ténacité prennent toujours le relais pour dépasser les obstacles. Vous n'avez donc pas besoin de chance pour avancer dans la vie. Grâce à votre force de caractère, à votre constance et à votre pugnacité, vous êtes un vrai modèle pour les autres.

Symboles et couleurs porte-bonheur : l'agate. Vos couleurs de prédilection sont le bleu, le vert, le gris et l'orange.

Jour faste : le mercredi.

BALANCE

Numéros porte-bonheur : 6, 7, 9, 26, 30, 35, 38, 43, 53

La Balance fait partie des signes du zodiaque les plus chanceux, surtout en amour. Ces personnes sont des optimistes qui obtiennent toujours ce qu'elles veulent dans la vie. Elles réussissent souvent à dépasser les obstacles et à s'en sortir indemnes, car elles voient toujours le bon côté des choses. La chance se manifeste alors à chacun de leurs pas, pour les accompagner sur le chemin de la réussite.

Symboles et couleurs porte-bonheur : l'opale et le corail sont à privilégier. Leurs couleurs de chance sont le rouge et le bleu ciel.

Jour faste : le vendredi.

SCORPION

Numéros porte-bonheur : 3, 4, 10, 13, 15, 17, 19, 41, 49

Bien que les Scorpion aient souvent tendance à voir le mauvais côté des choses, ce sont des personnes assez chanceuses, et particulièrement dans les finances. En faisant un peu plus d'efforts que les autres pour avoir ce qu'elles veulent. Il faut savoir que rares sont les signes qui arrivent à diriger leur vie aussi facilement et aisément. Ils ont ce que l'on appelle la « baraka » !

Symboles et couleurs porte-bonheur : il est recommandé aux natifs du signe du Scorpion de s'entourer d'objets fabriqués avec de la topaze ou de la malachite. Leurs couleurs de prédilection sont le noir, le violet et le rouge.

Jour faste : le mardi.

SAGITTAIRE

Numéros porte-bonheur : 1, 5, 6, 8, 10, 22, 29, 30, 33, 37, 43, 44

Les Sagittaire sont réputés pour avoir de la chance en général, et surtout dans les jeux de hasard. Ils seraient même les plus chanceux de tous les signes du zodiaque. Ils mènent généralement une vie facile. Cela ne veut pas dire pour autant qu'ils ne rencontrent pas d'obstacles, mais ils réussiront à les dépasser grâce à leur bonne étoile et à leur optimisme contagieux.

Symboles et couleurs porte-bonheur : les éléments fabriqués avec du grenat. Les Sagittaire doivent privilégier les couleurs rouge, orange et violet, pour maximiser leurs chances.

Jour faste : le jeudi.

CAPRICORNE

Numéros porte-bonheur : 7, 10, 17, 18, 21, 24, 36, 49, 59

Les Capricorne sont des leaders, et, en tant que tels, ils auront de la chance dans leur carrière professionnelle. Ce sont de vrais guerriers, qui ne baissent pas les bras devant les obstacles et les difficultés de la vie, et qui n'hésitent pas à aider les autres si on les sollicite. Du moment qu'ils sont mentalement et émotionnellement investis dans ce qu'ils font, ils réussiront.

Symboles et couleurs porte-bonheur : les bijoux fabriqués avec de l'émeraude ou du jade. Leurs couleurs de chance sont le brun et le marron.

Jour faste : le mardi.

VERSEAU

Numéros porte-bonheur : 6, 7, 10, 13, 16, 27, 34, 35, 47

Voilà un autre signe auquel la chance sourit rarement. Mais, bien que la vie n'ait pas été juste envers eux, ils restent de vrais combattants qui arrivent toujours à garder les pieds sur terre, et s'en sortent très bien, malgré tout. Là où la chance leur sourira le plus, c'est dans le domaine des loisirs. À noter que leur humanisme naturel les aide à provoquer des opportunités qu'ils doivent saisir pour briller.

Symboles et couleurs porte-bonheur : tous les objets constitués de saphir. Leurs couleurs de prédilection sont le violet, le vert et l'indigo.

Jour faste : le samedi.

POISSONS

Numéros porte-bonheur : 3, 8, 17, 19, 24, 33, 35, 38, 44, 46

Les natifs du signe du Poissons manquent d'organisation, et ont tendance à hésiter, ce qui les empêche de saisir la chance lorsqu'elle se présente à eux. Ils ne se rendent pas compte que la chance leur sourit et n'y accordent aucune importance, notamment lors de nouvelles rencontres ; ce qui les fait parfois passer à côté de belles opportunités. Pour autant, leur sensibilité et leur empathie sont une force qui peut provoquer des miracles.

Symboles et couleurs porte-bonheur : les objets fabriqués avec de l'améthyste augmentent leur chance. Il en est de même pour les couleurs bleu, turquoise, vert et jaune.

Jours fastes : le mercredi et le jeudi.

LA CLAIRAUDIENCE

CE QUE RÉVÈLE LA PORTÉE DE LA VOIX

PAR GINA CHALUPNIAK

Médium et cartomancienne, la belle Italienne, présente sur LCV, nous guide pour 2023 à la rencontre du bonheur amoureux.

Sa spécialité ? L'émotion comportementale, les cœurs en déroute, les âmes solitaires, les amours contrariées.

La voix est le reflet de notre personnalité ! Aucun autre organe ne représente une telle fenêtre sur ce que nous sommes. Sur notre intime… Pour ceux et celles qui s'interrogent sur leur voix – est-elle trop aiguë, trop grave ?… – je vous en révèle les codes secrets.

Que ce soit chez l'homme ou chez la femme, le timbre de voix, sa musicalité, ses harmoniques font partie intégrante de sa personnalité. Elle séduit, envoûte, parfois agace et irrite. Difficile de juger de sa qualité, mais qu'est-ce qu'une « belle » voix ? « Il n'y a pas de normes », déclare Charlotte Guedj, professeur de chant. Une voix agréable monte et descend dans les **graves** et dans les **aigus** ; elle possède un bon **débit** (ni mitraillette ni traînante) ; elle est adaptée à l'âge et au sexe de la personne qui parle ; et la respiration est fluide.

Très important aussi : elle sait faire place aux **silences** ! **Quand je suis en consultation par téléphone, j'aime ressentir les voix, et je m'y intéresse en me concentrant.**

Les voix fines démontrent une certaine fragilité. De la timidité, un manque de confiance en soi. Ce sont souvent des personnes qui sont un peu en retrait, et qui ne se mettent pas sur le devant de la scène. Elles en sont capables, mais elles n'osent pas ! Elles se mettent des freins dans différents domaines, et sont souvent en train de subir les situations. Leur voix nous fait ressentir de la vulnérabilité. On les imagine mal entrer en furie, se déchaînant et voulant foncer au cœur de différentes situations. Par téléphone, j'ai le sentiment que ces gens parlent, mais en ayant une certaine gêne à exprimer leurs problèmes, de peur d'être jugés. En revanche, leur voix fine présente des côtés distingués, des phrases sans intonations désagréables. Certaines de ses voix nous ramènent aux voix d'enfants.

En conclusion : ce sont des gens sans excès, sans cris, sans excitations, sans énervements ; le besoin d'être rassurés est présent dans ces voix. Et je pense que ces consultants sont, justement, très heureux de pouvoir faire des voyances par téléphone.

Les voix graves démontrent une affirmation. Une autorité, la preuve de connaissances bien acquises à savoir ce que l'on veut. On confirme ! Cette façon de s'exprimer informe d'emblée d'une personnalité forte. Ce sont des personnes qui veulent savoir, mais pensent déjà avoir presque toutes les réponses à leurs questions. Ces voix graves peuvent être un peu virulentes, voire désagréables si elles ont affaire à l'impossibilité de réponses à leur apporter, surtout dans le domaine professionnel. Une certaine agressivité peut se faire entendre. Lorsque la voix s'élève, on ressent encore plus l'autorité. Lorsque cette voix se pose pour faire sentir une certaine tension, elle devient troublante. On peut très bien imaginer une personne survoltée, ayant du mal à gérer ses émotions verbalement ; le ton monte très rapidement, et la discussion laisse très peu de fluidité. En général, les voix graves sont empreintes d'une aura et séduisent par la beauté de leur tonalité.

En conclusion : ce sont des gens aux personnalités dominantes qui les conduisent à des postes de responsabilités et de pouvoir. On sent, à travers leur voix, la stabilité, la maîtrise et une forme de jeu de la séduction que ces consultants laissent transparaître lors des voyances par téléphone.

La façon dont les gens s'expriment est très importante.

Les voix d'entre-deux démontrent un certain équilibre. Pour moi, ce sont des personnes qui ne laissent pas passer les émotions à travers leur voix. En consultation, on l'entend tout de suite : leur voix ne laisse rien transparaître.

Un débit rapide nous montre un problème actuel : la personne veut tout dire dans la rapidité, pour pouvoir entendre la réponse immédiatement.

La voix qui traîne un peu : la personne recherche une consultation dans les détails, mais elle a peur du résultat, donc elle retarde l'échéance.

Une voix speed dénote de l'énervement : on s'attend à une réponse qui ne va pas satisfaire, mais la personne le sait déjà. Elle veut juste une confirmation, mais sa fébrilité se ressent au bout du fil.

J'aime les voix des consultants, cette facilité de pouvoir échanger avec eux par téléphone fait qu'on les connaît un peu mieux.

« La voix, ce miroir de l'âme... »

1 – Les hommes ont, en général, une voix plus grave que celle des femmes, parce que leurs cordes vocales sont plus épaisses et plus longues.

2 – Les femmes préfèrent les hommes à la voix grave, qu'elles s'imaginent plus protecteurs et leaders dans leurs domaines, d'où une admiration spontanée et immédiate.

3 – Les hommes ont un penchant naturel pour les femmes qui ont des voix plus aiguës, signe d'une taille plus mince et d'un caractère plus effacé.

4 – Les voix douces ont du succès, car elles correspondent aux personnes plus accessibles et non agressives.

5 – Une voix familière est plus facile à entendre dans un environnement bruyant et à comprendre, à l'inverse de celle d'un inconnu.

6 – Tout le monde n'aime pas le son de sa voix.

7 – La voix de l'amour prend des intonations sensuelles et caressantes, qui viennent sublimer les mots échangés lorsqu'on s'adresse à la personne aimée.

8 – Notre voix est une carte de visite ! Au-delà des mots et des langages, elle dit tout de nous : nos expériences passées, notre état présent et nos désirs.

« La voix est un second visage. »

Gérard Baüer

BIEN-ÊTRE & SPIRITUALITÉ

COMMENT S'ÉLEVER POUR ALLER VERS LE BONHEUR

PAR SARAH SLEPON

Le monde ésotérique de Sarah est empli d'énergies qu'elle enseigne, partage et distribue autour d'elle avec passion.

Entre Bruxelles et Paris !

Pour 2023, cette médium, toujours présente sur LCV, offre de vous accompagner avec des outils spirituels à mettre en pratique chaque jour.

Le médium que je suis se situe entre deux mondes. On reçoit aussi bien du ciel que de la terre, que de soi et du divin qui est en nous. Le médium est vraiment le « milieu » entre l'astral et le terrestre. Ma priorité ? Aider les autres !

Côté énergétique, j'utilise le **Shamballa**, une méthode associée au reiki, ainsi que le **Ho'oponopono**, un art de vivre ancestral hawaïen. C'est un rituel de pardon et de réconciliation, un véritable chemin vers la conscience unitaire. En tant que coach spirituel, mon domaine privilégié est, avant tout, le développement personnel.

Pour vous emmener dans mon univers de bien-être, voici les conseils et les clés des différents soins énergétiques que je propose aux consultants.

1. Se mettre dans une bulle de lumière

C'est comme un œuf transparent connecté à l'univers. Seul le positif peut entrer ; et tout ce qui est négatif – pensées ou personnes – ne peut l'atteindre. Fermez les yeux et renvoyez le négatif à la terre. Demandez, par la pensée ou verbalement, que l'énergie négative retourne immédiatement d'où elle vient et se transforme en pure lumière. **Récitation du mantra : « Rien de mauvais ne peut m'atteindre. »**

2. Demander à l'univers ce que l'on désire

Pour soi et pour les gens que l'on aime. Y croire de tout cœur avec innocence, comme un enfant. Ne pas se laisser embarquer par des idées qui parasitent. Penser que c'est déjà là ! Et demander à l'univers infini ce que l'on souhaite, quelles que soient ses croyances !

« Je demande la prospérité dans tous les domaines de ma vie. L'abondance financière. La santé parfaite pour moi, ainsi que pour tous les êtres qui me sont chers. L'épanouissement professionnel sans encombre et sans inutiles combats. L'amour à flots sous toutes ses formes… »

Ici et maintenant, pas dans dix ans ; car, là-haut, on n'a pas la notion du temps. Il faut que la fluidité soit présente, merci de faire venir à moi ce que je souhaite, ce que je désire. **Récitation du mantra : « Univers infini, je te demande... » Exprimez clairement, verbalisez votre vœu.**

3. S'ancrer dans la terre

Se promener dans la nature, si possible pieds nus. Choisir un arbre, l'enlacer et s'imprégner de son énergie, en le remerciant et en se concentrant sur ce qu'il vous renvoie. Vous êtes un arbre ! Vos branches se connectent et se tendent vers le ciel à l'infini, comme si vos cheveux étaient happés vers le haut ; vos racines descendent et plongent jusqu'à l'intérieur de la Terre-Mère. Que vos idées s'ancrent dans le matérialisme nécessaire pour réagir au mieux face aux aléas de la vie. **Récitation du mantra : « Je suis là, et pas ailleurs. »**

4. S'élever par la musique et la danse

S'environner d'un univers artistique, afin d'atteindre la jouissance intellectuelle et corporelle, qui permet de s'élever vers le spirituel. Éliminer stress, angoisse, anxiété, inhibitions et autres peurs... Et aller chercher, au fond de soi-même, l'énergie positive. Ce qui est lié à la danse fait appel à nos cinq sens. Les vibrations de la musique apaisent ; elles ont un vrai pouvoir guérisseur sur le cerveau, qui coordonne de manière holistique tout notre corps. **Récitation du mantra : « Mon corps chante et danse de plaisir. »**

5. S'acheter un oracle avec anges et archanges

Parce que nous avons tous un ange gardien, et qu'il nous donne tous les jours des conseils judicieux, ne pas hésiter à faire appel à lui en cas de besoin. Il est là pour ça, pour nous. Vous pouvez savoir qui est votre ange gardien par rapport à votre date de naissance ; ainsi, vous pourrez le nommer en vous adressant à lui ! **Récitation du mantra : « Je te formule ma demande à partir de ma carte du jour. »**

« Merci, je t'aime. Je remercie la Vie de me montrer ce que j'ai à nettoyer, à purifier, à transmuter en moi. »

ART DIVINATOIRE

COMMENT APPRENDRE À LIRE LES CAURIS

PAR CLAUDE-HERVÉ MÉDIUM

Clairaudient, clairvoyant, clairsentient, Claude-Hervé – excellent médium – aime avant tout guider ceux et celles qui le consultent sur LCV.

À l'aide de votre prénom, de celui de votre mère, et de votre date de naissance, sa médiumnité se manifeste par des flashs, des images, des sons, des odeurs.

Ses supports ? Oracles, pendules, runes et cauris.

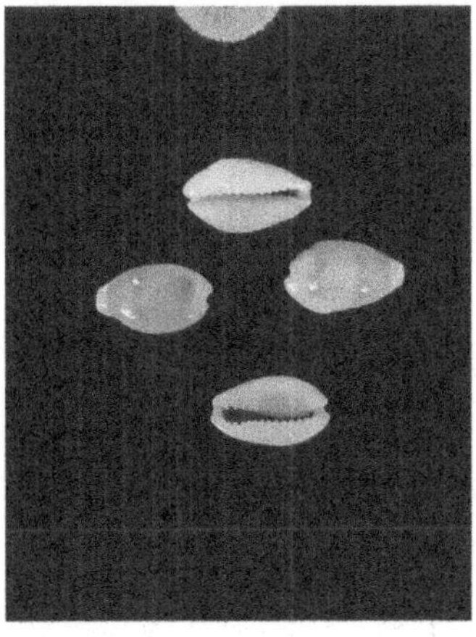

Les cauris

L'art divinatoire des cauris fait partie intégrante des méthodes les plus anciennes du monde qui sont utilisées pour prédire l'avenir ! Ce sont des petits coquillages ; et les deux espèces utilisées sont : *Cypraea moneta* et *Cypraea annulus*.

Autrefois, les cauris étaient une monnaie d'échange, car ils sont très solides, maniables, divisibles, et facilement identifiables. Ces coquillages se trouvent principalement dans les eaux chaudes de l'océan Indien et de l'océan Pacifique. Ils étaient un moyen de paiement utilisé par les nations commerçantes de l'Ancien Monde. On retrouve, par ailleurs, ce moyen de paiement en Asie, en Afrique, en Océanie et même en Europe. Certains bronzes, découverts en Chine, apportent la preuve de ce moyen de paiement vers le XIIIe siècle avant J.-C. On peut apercevoir, sur certains signes graphiques chinois, leur existence en tant que valeur économique.

Ce petit coquillage se retrouve tout autant dans la décoration. Dans la confection de bijoux ou de fétiches. Certains grands créateurs de haute couture les incorporent dans leurs créations.

Et, bien sûr, ces coquillages de légende servent depuis des millénaires à prédire l'avenir et à prendre les bonnes décisions en toutes situations. Les cauris vous donnent des réponses claires et précises !

L'art divinatoire des cauris est utilisé par le voyant, en tenant compte de deux aspects essentiels : la position des cauris dans le milieu où ils sont projetés ; et la position des uns par rapport aux autres.

Lors de la pratique, on utilise, au choix, 4, 7, 9, 12, 24, 36, 48 ou 100 cauris.

Les consultations s'effectuent plutôt le matin, avant midi, ou bien le soir, à la nuit, car nous sommes plus détendus. Il n'y a pas de jours, ni d'heures pour effectuer le tirage, toutefois il est conseillé de consulter les cauris en choisissant le moment où agissent certaines influences planétaires.

Deux types de cauris sont utilisés : femelles et mâles.

Les cauris femelles sont identifiables par une ligne arrondie, et les cauris mâles ont une bosse de chaque côté.

Voici cinq interprétations des cauris :

- ***Alafia*** : donne un « oui », avec tout de même des petits empêchements.
- ***Itagua*** : symbolise l'incertitude. Il est conseillé de relancer les cauris.
- ***Elife*** : meilleure figure, c'est un « oui » ferme.
- ***Okana Sodé*** : représente un « non » qui n'est pas définitif. Cela signifie un retard dans les espérances.
- ***Oyekun*** : c'est un « non » catégorique.

ALAFIA

Donne un OUI qui manque de fermeté. Il y a des empêchements à la réalisation du projet...

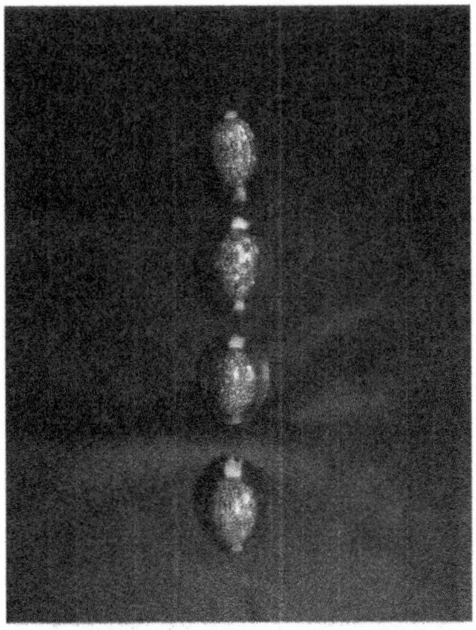

ITAGUA

Symbolise l'incertitude. Il manque quelque chose, la question est peut-être mal formulée, il faut relancer les cauris.

ELIFE

C'est la meilleure figure, elle représente un OUI ferme.

OKANA SODÉ

Représente un NON qui n'est pas catégorique, car il y a beaucoup d'éléments en jeu. Cela signifie un retard dans les espérances.

OYEKUN

C'est carrément un NON.

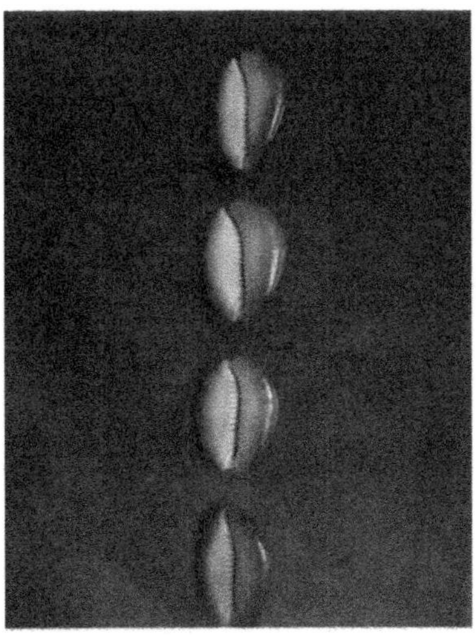

L'interprétation des cauris est à la portée de toutes et de tous. Cependant, l'apprentissage est long, car il y a de multiples façons de les interpréter, et différentes positions pour diverses thématiques. Pour faire simple : munissez-vous de quatre coquillages. Vous pourrez en trouver dans les boutiques de produits exotiques. Mais n'importe quels coquillages ramassés sur une plage feront l'affaire, du moment qu'ils possèdent une face naturellement fendue.

TABLE DES MATIÈRES

2. MES PRÉDICTIONS ASTROLOGIQUES SIGNE PAR SIGNE

REMERCIEMENTS

Je tiens à remercier toutes les personnes qui m'accompagnent dans ma vie, dans mon quotidien. Toutes celles et ceux qui concourent à ce beau travail réalisé autant sur la Web TV que sur le magazine que nous avons créé ensemble, avec Adil Hadet; et qui nous suivent en ligne sur les sites www.claudealexis.tv et www.radiovoyance.fr, ainsi que sur YouTube et sur les box TV, pour ceux qui ont cette option dans leur bouquet.

Merci à Adil Hadet pour sa collaboration et son soutien. Sara, Yassine, Nezha, Souleymane, Jihane. Une pensée particulière pour Mina Mansouri, qui reste présente dans notre cœur.

Merci à Monique Delanoue-Paynot pour sa belle plume et la rédaction du *Mag MCV*. Et merci à tous les intervenants et à nos annonceurs.

Merci à Cathy Selena.

Merci à nos animatrices, animateurs, techniciens, monteurs, cameramen pour ce beau travail lors des émissions – un pur bonheur de travailler ensemble. Merci à Mathy, Thymi.

Merci à Paula, ma fidèle secrétaire depuis vingt-sept ans.

Merci à nos voyants et médiums qui ont collaboré à la réalisation de ce livre.

Merci à tous les amis fidèles sur Facebook et Twitter pour leur soutien, ils se reconnaîtront.

Merci à mon éditeur, Guy Trédaniel, et à son épouse, Claudia, pour leur confiance renouvelée.

Une pensée pour ma famille et pour ceux qui ne sont plus. À ceux qui me restent : je vous aime.

La voyance dans l'exigence et la compassion, c'est connaître et respecter le destin de chacun. L'avenir, personne n'y a touché, mais il peut se lire... Donc un grand merci à toute l'équipe de voyant(e)s qui collaborent avec nous sur les émissions et sur la plateforme.

Merci à cette belle équipe.

Et, merci à vous pour votre fidélité et votre soutien au quotidien.

Pour contacter CLAUDE ALEXIS :

www.claudealexisvoyant.com

www.claudealexis.tv

Composition et maquette : Soft Office

Achevé d'imprimer en septembre 2022
sur les presses de la Nouvelle Imprimerie Laballery
58500 Clamecy
Dépôt légal : septembre 2022
N° d'impression : 209068

Imprimé en France

La Nouvelle Imprimerie Laballery est titulaire de la marque Imprim'Vert®